介護予防・健康福祉ブック①

若さを保つ 運動・ゲームのレクリエーション

早稲田大学 教授/医学博士
前橋 明・著

ひかりのくに

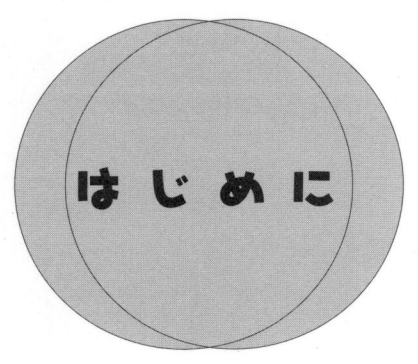

はじめに

　加齢にともなう体力の衰えは、生活能力や安全能力の低下につながります。体力を維持し、動作能力を高めて豊かな生活を送るためには、運動の実践がぜひとも必要です。
　言い換えれば、運動は、心身の健康づくりや、転倒・骨折予防などの安全能力向上に関わる生活習慣の中で、極めて重要な要素なのです。
　いくつになっても、いつまでも元気に、いきいきと人生を楽しんでいただきたいと願います。その第一歩は、やはり運動を通して、日頃から転倒やケガ、骨折を未然に防ぐ力をしぜんに身につけていただくことです。
　そこで、本書では、健康維持と体力や安全能力向上のための、運動やゲームを用いたレクリエーション活動を豊富に紹介してみました。これらの運動・ゲームを楽しく行なっていただき、気分転換、疲労回復、人との交流、幸せ感の味わいだけでなく、体力の衰えを遅らせ、転倒予防、安全能力の向上、大脳機能の促進に役立つ多様な動きをも経験していただきたいと思います。

早稲田大学 教授／医学博士
前橋　明

本書の特長と使い方

特　長

●体のどこに、どんな効果があるのか、参加者に説明できます。

　各種施設や地域でのレクリエーションにおいて、今後、より求められるのは、そのレクリエーションのもつ意味の説明です。この本では、どの運動やゲームにも、運動指導だけでなく、医療・リハビリテーション現場での機能訓練経験のある著者による、きちんとした説明の言葉があります。これを参加者の方に伝えつつ、指導者（リーダー）自身も理解しながら行なえば、意義のある、しかも楽しい活動になるでしょう。運動の大切さを皆さんで共有しつつ楽しみましょう。

●多様な動きを考えた、しかも、すぐに楽しめる運動やゲーム中心の構成です。

　移動系（走る・跳ぶ等）、操作系（投げる・運ぶ等）、平衡系（バランスをとる・片足で立つ等）、非移動系（押す・引く等）といった多様な動きを経験できるよう、バラエティ豊かな運動やゲームを紹介しています。動かさないから衰えるわけですから、とにかくいろんな動きを適度に経験していただこうというわけです。ただ動かすのではなく、楽しいゲームにしてありますから、苦になりません。シニア～高齢者の運動会種目も掲載しました。施設でも地域でも楽しんでいただけます。

本書の使い方

どこからでも、まず、行なってみましょう。基本的に下のような構成です。
各々の運動やゲームの意義を把握しつつ、応用していけば楽しみの幅も広がります。

この運動・ゲームの医学的・運動学的ねらいの解説です。

アレンジ・応用のヒント、留意点などがわかります。

どんな動きが中心か（どの運動スキルを使っているか）がわかります。P.5のまとめとともに読み、理解を深めてください。

中心となる運動・ゲームのイラスト解説です。

医学的、運動学的な意義やポイントをやさしい言葉で具体的に説明しています。

応用・プラスαの運動やゲームの紹介や解説。

いくつからでも運動の習慣化を!!

●とにかく体を動かしましょう

人間の体は、成長期を過ぎると加齢とともに衰えていきます。右ページに示したような「体力」のあらゆる面において言えることです。

しかし、一般に衰え方がゆるやかなのが握力です。これは、日常生活において使う頻度が高いためです。

このように、まず使う、つまり、体を動かすことが大切なのです。何をするにつけ便利な世の中になり、体を動かす機会が減少しています。だからこそ、意識して、日常に運動を取り入れるべきなのです。

本書に示した運動・ゲームからはじめてみましょう。さまざまな動きを楽しみながら経験でき、心身ともに若さを保つことにつながります。ひいては、介護予防や健康増進にも役立ちます。いろんな場のレクリエーションに生かしてください。参加者の年齢・体力を考えて、無理のないところから取り入れましょう。運動の大切さを伝えながら、楽しんでいただくことを願っています。

●高齢者の方の転倒予防にもつながります

高齢者の方が転ぶことによって、大変なケガに直結することが極めて多いのです。とくに、脚部や骨盤の骨折は自分で歩くことができなくなり、ひいては、運動不足状態に陥って、生きる意欲が薄らいできます。重症の場合は、頭を打って死に至ることもあります。

人間の体は、成長期を過ぎると、加齢とともに衰退します。体を支える骨や筋肉が弱まり、神経系の働きが衰えてきます。そして、バランス能力が低下し、その結果、転びそうになったときに、防ぐことが難しくなってくるのです。

とくに、自分の体と自己を取り巻く空間について知り、体と方向・位置関係（上下・左右・高低など）を理解する空間認知能力や、自分の体がどのように動き、どのような姿勢になっているかを見極める身体認識力が落ちてきます。

心身機能全体の低下や社会への参加意欲の減少を食い止めるためにも、ふだんから、転倒予防に役立つ運動を行なっておくことが、大事な身のこなし方を覚える機会となってきます。ぜひとも運動の機会を習慣化させることに心がけていただきたいものです。

要するに、転倒予防のコツは、何といっても、日頃からまめに体を動かすことなのです。そして、まわりの状況をよく見て、よく感じとる体験を楽しくしておきたいものです。

語句解説

本書の1つ1つのゲームにある「この運動のねらい」・「使っている動きのスキル」の理解を深めて、より意義深い運動を！！

さまざまな運動を、移動系の動き（歩く・走る・跳ぶ・スキップする・登る等）、操作系の動き（投げる・蹴る・打つ・取る・止める等）、平衡系の動き（バランスをとる・片足で立つ・渡る等）の3つの運動技能に分けることができます。また「移動系の動き」に対して、その場で、押したり、引いたりする「非移動系の動き」（その場での運動スキル）という言葉を用いる場合があります。これらの動きをバランスよく取り入れ、「楽しいレクリエーション」として紹介しています。運動を楽しいものとして、どんどん取り入れていってください。下記の解説や用語の解説の理解を進め、意味のある運動として積極的に参加していただけるようにしましょう。

移動系の動き：歩く、走る、スキップする、ギャロップする、跳ぶ、登る、跳び越える、またぎ跳ぶ、くぐる、すべる、泳ぐ

操作系の動き：投げる、蹴る、打つ、つく（まりつき）、たたく、受ける、運ぶ、担ぐ、漕ぐ

平衡系の動き：片足で立つ、バランス立ちをする、乗る、渡る、逆立ちをする、浮く

用語の解説

◇本書の言葉の理解にお役立てください。
◇自分自身の運動に対する理解を深め、この運動は参加者の体の何に貢献するのかを考えてみましょう。
◇何かの折りに、運動についての説明をしていくとよいでしょう。

●**筋力**
筋が収縮することによって生じる力のことを言います。

●**瞬発力**
瞬間的に大きな力を出して運動を行なう能力。パワーという言葉で用いられます。

●**持久力**
長時間継続して持ちこたえられる力。筋持久力と、全身的な運動を長時間継続して行う呼吸・循環機能の持久力に分けられます。

●**調整力**
異なった動きを1つにまとめて、目的に合った動きを円滑に、効率よく行う能力。

●**協応性**
からだの2つ以上の部位の動きを1つのまとまった運動に融合したり、からだの内・外からの刺激に対応して運動する能力。

●**平衡性**
からだの姿勢を保つ能力。跳んだり、渡ったりする運動の中で、姿勢の安定性を意味する動的平衡性と、静止した状態での安定性を意味する静的平衡性があります。バランスという言葉で用いられます。

●**敏捷性**
からだをすばやく動かして方向を転換したり、刺激に対して反応する能力。

●**巧緻性**
からだを目的に合わせて正確に、すばやく、滑らかに動かす能力。器用さや巧みさのこと。

●**スピード**
物体の進行する速さを言います。

●**柔軟性**
からだのやわらかさのことで、からだをいろいろな方向に曲げたり、伸ばしたりする能力。

●**リズム**
音、拍子、動き、または無理のない美しい連続的運動を含む調子のこと。

●**身体認識力**
身体部分（手、足、膝、指など）とその動き（筋肉運動的な働き）を理解・認識する力。自分のからだが、どのように動き、どのような姿勢になっているかを見極める力。

●**空間認知能力**
自分のからだと自己を取り巻く空間について知り、からだと方向・位置関係（上下・左右・高低など）を理解する能力。

●**移動系運動スキル**
歩く、走る、跳ぶ、這う、スキップする等、ある場所から他の場所へ動く技術。

●**非移動系運動スキル**
「移動系の動き」に対して「非移動系の動き」の技術。その場で、ぶら下がったり、押したり引いたりする等。

●**操作系運動スキル**
投げる、蹴る、打つ、取る等、物に働きかけたり、操る動きの技術。

●**平衡性運動スキル**
バランスをとる、片足で立つ、渡る、乗る、浮く等、姿勢を保つ動きの技術。

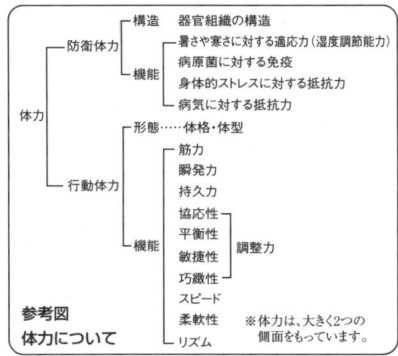

参考図 体力について
※体力は、大きく2つの側面をもっています。

体力
- 防衛体力
  - 構造：器官組織の構造
  - 機能：
    - 暑さや寒さに対する適応力（温度調節能力）
    - 病原菌に対する免疫
    - 身体的ストレスに対する抵抗力
    - 病気に対する抵抗力
- 行動体力
  - 形態……体格・体型
  - 機能：筋力、瞬発力、持久力、協応性、平衡性、敏捷性、巧緻性、スピード、柔軟性、リズム、調整力

若さを保つ 運動・ゲームのレクリエーション

CONTENTS

はじめに …………………………………………………………………………… 2
本書の特長と使い方 ……………………………………………………………… 3
いくつからでも運動の習慣化を ………………………………………………… 4
語句解説 …………………………………………………………………………… 5

何も使わずできる運動・ゲーム ………………………………（8〜23ページ）

こんにちは …………………………………………………………… 8
カラータッチゲーム ………………………………………………… 10
背中で立とう ………………………………………………………… 12
肩たたきトントン …………………………………………………… 14
ドンジャンケン ……………………………………………………… 16
リスとオオカミ ……………………………………………………… 18
むかで鬼 ……………………………………………………………… 20
文字の当てっこ ……………………………………………………… 22

身近なものを使っての運動・ゲーム ………………………（24〜29ページ）

ポーズで伝達 ………………………………………………………… 24
棒バランス …………………………………………………………… 26
くものすくぐり ……………………………………………………… 28

ハンカチやタオルを使っての運動・ゲーム ………………（30〜43ページ）

ひろいっこ …………………………………………………………… 30
タオルまわし ………………………………………………………… 32
ハンカチとり ………………………………………………………… 34
アメつかみ …………………………………………………………… 36
そこぬけハンカチ …………………………………………………… 38
しっぽとり …………………………………………………………… 40
いい湯だなぁ〜！ …………………………………………………… 42

STAFF　本文レイアウト/プランニングオフィス・エニー、ミューデザインオフィス　本文イラスト/高田雄三　企画・編集/安藤憲志・長田亜里沙

風船を使っての運動・ゲーム …………………………………（44〜51ページ）

　　　　ヒットバルーン …………………………………………… 44
　　　　風船はさみあそび ………………………………………… 46
　　　　ぐるぐる風船 ……………………………………………… 48
　　　　風船宅配便 ………………………………………………… 50

ボールを使っての運動・ゲーム ……………………………（52〜55ページ）

　　　　ボールわたし ……………………………………………… 52
　　　　ボールはこび ……………………………………………… 54

輪（フープ）を使っての運動・ゲーム ……………………（56〜61ページ）

　　　　輪ころがし ………………………………………………… 56
　　　　輪くぐり …………………………………………………… 58
　　　　くぐりリレー ……………………………………………… 60

シニア運動会用 ちょっと準備が必要な運動・ゲーム ……………（62〜79ページ）

　　　　それいけパンツ …………………………………………… 62
　　　　ちょっとそこまで ………………………………………… 64
　　　　ひっくりかえしてポン …………………………………… 66
　　　　ゴー ゴー ハリケーン …………………………………… 68
　　　　カンガルーの宅配便 ……………………………………… 70
　　　　大きな大きなさといも …………………………………… 72
　　　　迷ドライバー ……………………………………………… 74
　　　　スパイダーリフト ………………………………………… 76
　　　　大わらわの輪 ……………………………………………… 78

　　あとがき・著者紹介 …………………………………………………… 80

何も使わずできる 運動・ゲーム

こんにちは

この運動の ねらい	体の捻転や前屈を行なうことにより、柔軟性や巧緻性（器用さ）を高め、友人とのコミュニケーションを図ります。
使っている 動きのスキル	その場での運動スキル（ひねる・前屈する・まわる）

すすめ方

①2人が背中合わせから、1mほど離れて立ちます。
②「こんにちは」で、お互いに右側から後ろを振り向きます。このとき、足元がずれないように注意しましょう。また、膝は曲げないようにしましょう。
③お互いの顔が見えたら、逆の方向に振り向きます。
④次にお互いの顔が見えたら、握手をしてみましょう。そして、握手ができたら、両手をつないでみましょう。

Point!
日頃、体を動かさない人が急に行なうと、筋肉やすじを痛めてしまいます。少しずつ動きの範囲を広げていくことがポイントです。決して無理をしないように！

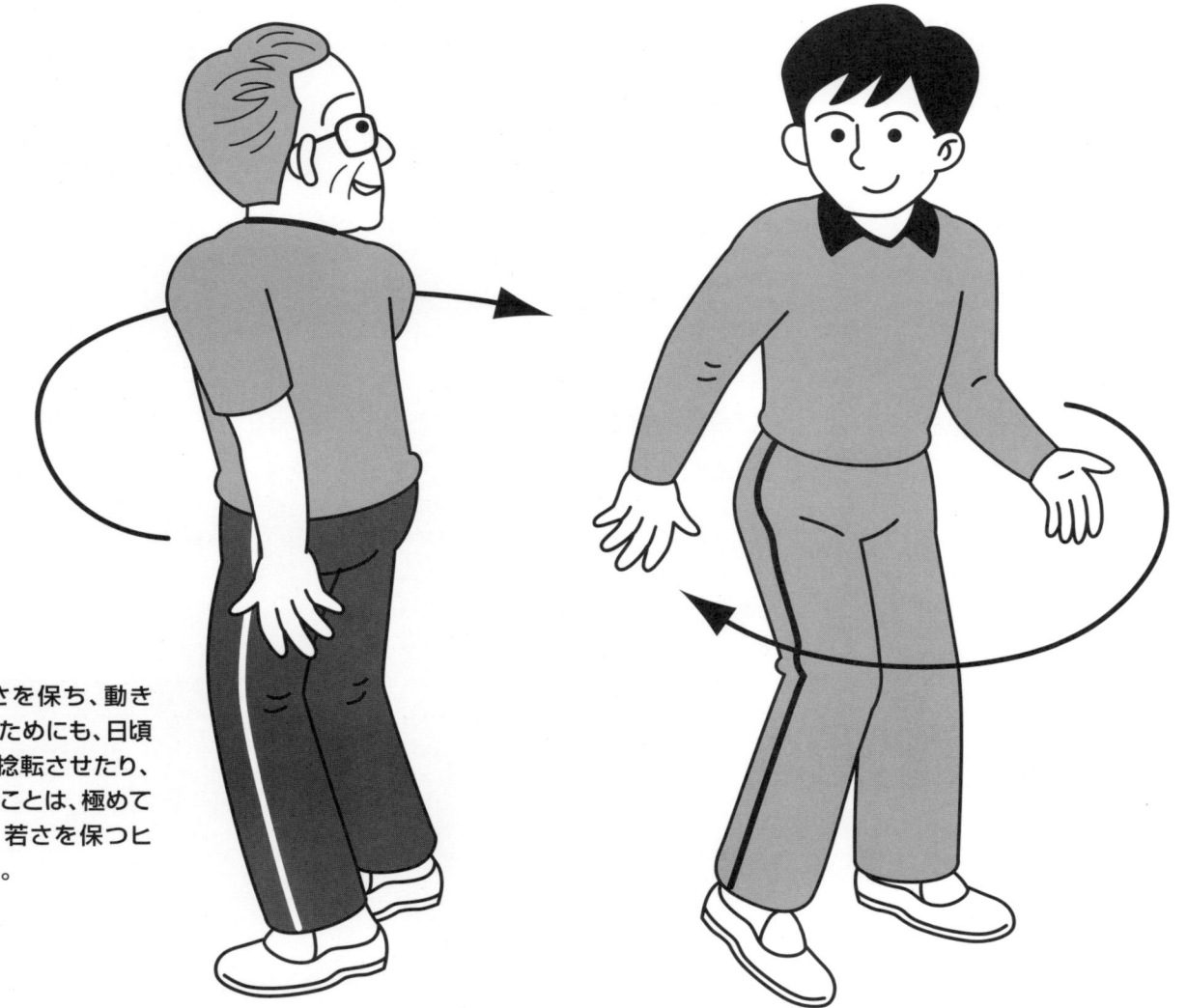

Point!
体の柔軟さを保ち、動きやすくなるためにも、日頃から、体を捻転させたり、前屈させることは、極めて大切です。若さを保つヒケツですね。

メモ
★動きに慣れたら、ボールを用いてボールわたしを行なってみましょう。人数が多いときは、ボールわたし競争にチャレンジしてみてはいかがでしょうか。
★数名でチームを作り、チームごとに1列になって、前から前屈して股の下から後ろの人へボールを送る競争も楽しいです。
★日頃、運動をしない人は、安全のため、急な動作や、動きの限界に、気持ちだけで挑戦することは避けましょう。無理をしないことです。

バリエーション

2人の距離を少しずつ離していって、どこまで手が届くでしょうか？人のあたたかさ、手のぬくもりが伝わって楽しいですね。

動きの工夫

「なべなべ底ぬけ」をしてみましょう。

からだが硬いようなら、お互いがタオルを持ってゆとりを作ると、回転が楽ですよ！

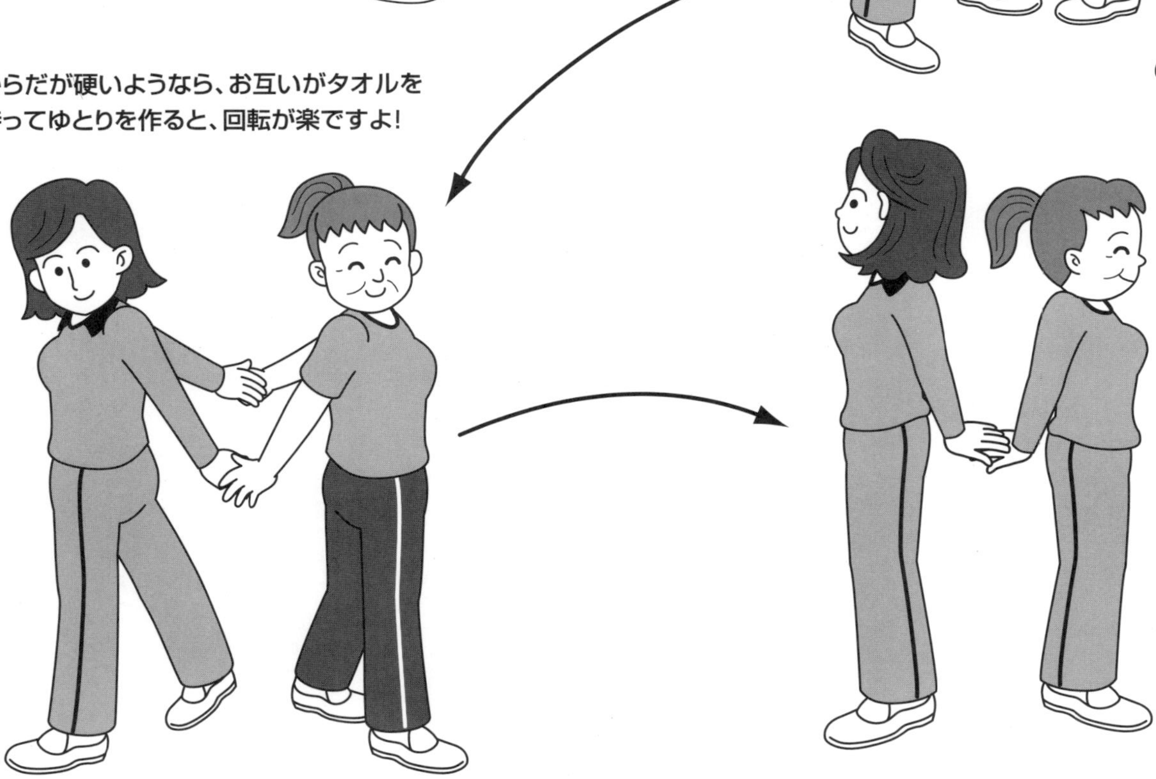

ここから、また、元にもどってみましょう。

何も使わずできる 運動・ゲーム

カラータッチゲーム

この運動のねらい 指示に従ってすばやく移動することで、判断力と走力を養い、空間認知能力を高めます。体力の要素としては、敏捷性や瞬発力を維持・向上させます。

使っている動きのスキル 移動系運動スキル（走る）

すすめ方

①みんなでジャンケンをし、鬼を1人決めます。他は全員、子となります。

②鬼は、鬼の陣地と安全地帯（例えば木）を決めます。次に、まわりにある自然の中から色を選んで、大きな声で「○色」と叫びます。そして10数えた後に、子をつかまえに行きます。

③子は、決められた色にタッチをして、安全地帯にもどってきます。安全地帯は、鬼につかまらない所です。

④安全地帯にもどったら一列縦隊で、早い順に、手をつないで並んでいきます。

⑤鬼につかまった子は、鬼の陣地に座ってトリコとなります。

⑥子が全員、手をつないで並ぶか、トリコになると、ゲームを終わりにします。

⑦鬼につかまった子（トリコ）は、全員でジャンケンをして、負けたトリコが次の鬼となります。

Point!

色の指示を聞きとり、送られてきた情報を大脳で意識化して、動きを作るまでの神経回路を、反復してゲームを行なうことにより、鍛えることができます。あそび気分で楽しくゲームをすることで、反応の良さを維持しましょう。

安全地帯

子　　子

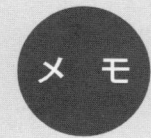

★最初は1つの色だけを指示しますが、少し慣れてきたら、2〜3の色を指示します。また、1つの色でも、タッチする回数を2回〜3回と増やしていくことも楽しいでしょう。
★最初に目標物（例えば、近くの大きな木）を全員がタッチしてから、決められた色を探しに行くように、いろいろと工夫してみましょう。

鬼

トリコ

鬼の陣地

子

子

Point!
動きとして早歩きを導入してみましょう。背すじを伸ばし、かかとをつけて歩くと、視界が広がり、動きをつくりだす腹筋や背筋・脚筋が鍛えられます。

11

何も使わずできる 運動・ゲーム

背中で立とう

この運動のねらい	タイミングよく押し合って立ち上がることにより、腹筋力や脚筋力だけでなく、体の各部位の柔軟性や協応性、人とのコミュニケーション能力を高めます。
使っている動きのスキル	その場での運動スキル（立ち上がる）

すすめ方
①3人が背中をぴったり合わせて座ります。
②隣の人と、腕をしっかり組みます。
③合図でお互いに、もたれ合って立ち上がります。

Point!
1人が自分だけ起きようとすると、前かがみになり、立ち上がれません。3人が同じくらいの力で押し合うことが、成功の秘訣です。

Point!
3人で話し合って、タイミングよく立ち上がる方法を、考えてみましょう。頭の体操になり、大脳の活動水準を高めてくれます。また、グループで行なっている場合は、他のグループが行なっている動きを見て、良い点や悪い点に気づいて、成功のための知恵を出し合ってみましょう。

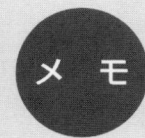

メモ
★うまく立つことができるようになったら、座ったり立ったりを、リズミカルに何回続けられるか、挑戦してみましょう。
★時間を計って、早くできるようにチャレンジしましょう。

悪い例
1人が力を急に抜くと、みんな倒れてしまうので注意しましょう。

バリエーション①
腕を組まないで、背中をもたれ合うようにして、立ち上がってみましょう。

バリエーション②
2人で行なったり、4人で行なったり、人数を変えて挑戦してみましょう。

何も使わずできる運動・ゲーム

肩たたきトントン

この運動のねらい	歌に合わせて、みんなで楽しく肩たたきをすることにより、リズム感を養い、親睦を深めます。また、左右の動作を繰り返して行なうことによって、注意力や集中力、上肢の機敏さや協応性を高めます。
使っている動きのスキル	操作系運動スキル（手でたたく）

すすめ方

①みんなで手をつなぎ、円をつくって座ります。
②みんなで「春がきた」を歌います。
③歌いながら、膝をトントンたたきます。
④隣にいる人の肩をたたいてあげます。右の人に8回、左の人に8回、右4回、左4回、右2回、左2回、右1回で、最後は両手を1回ポンと胸の前でたたきます（歌なし）。
⑤「春がきた」を歌いながら、④の動作を行ないます。

Point!
肩たたきで血行がよくなり、疲労回復につながります。ゆっくり、正確にリズムをとることから、はじめてみましょう。

Point!
肩のたたき方を覚えたら、少しずつスピードを上げていきましょう。機敏な反応の訓練にもなります。失敗したら、しっかり笑って、楽しんでください。

メモ	8回	8回	4回	4回	4回	4回	2回	2回	1回	1回
	春が来た ●●●●	春が来た ●●●●	どこに一来 ●●●●	たーー〜 ●●●●	山に来た ●●●●	里に来た ●●●●	野に ●●	もき ●●	た ●	ポン（自分の胸の前） ●

（『春が来た』作詞/高野辰之・作曲/岡野貞一）

★たたき方に変化（手の平でパンパン、指先でトントン）をつけたり、歌を速く・遅く歌ってスピードにも変化をつけましょう。とくに、左右の切り換えを、すばやく行なうと活動が楽しくなります。

バリエーション

- イスに座ったり、立ったままの姿勢でもできます。横や縦一列に並んでも行なえます。
- 小グループを数組つくり、どのグループがまちがいをせずにきれいな動きができたかを競ってみるのもよいでしょう。

留意事項

大きな声で、はっきりと歌うようにしましょう。歌うことで、気分転換にもなります。失敗することも、笑いにつながります。

左右の切り換えを、すばやく行なうようにすると楽しいです。

何も使わずできる 運動・ゲーム

ドンジャンケン

この運動のねらい　ジャンケンのしかたやゲームのしかたを理解することで、大脳の働きをよくし、体の反応も機敏さを増します。また、陣地に踏み入られないように、すばやく移動することで、敏捷性を高めます。また、チームのメンバーと協力し合うことで、協調性を高めます。

使っている動きのスキル　移動系運動スキル（走る）の向上

準備　直線（1）…約10m　陣地（2）

すすめ方
①2チームに分かれ、直線の両端の陣地に、それぞれ1列に並びます。
②合図で先頭の人は、相手の陣地を目指して直線上を走って行きます。
③2人が出会ったところで、両手を合わせて「ドン」と言ってから、ジャンケンをします。
④勝った人は、そのまま進み続け、負けたチームの次の人は相手チームの陣地に向かって直線上を走り始めます。
⑤これを繰り返して行ない、先に相手チームの陣地に踏み入った方が勝ちです。

Point!
前でジャンケンをしているチームメイトをよく見ておきましょう。味方が負けた場合は、すばやく出ていきますが、そのタイミングを2番目に待機している人が前の人の背中や肩を軽くポーンとたたいてあげると、わかりやすいですよ。

陣地

Point!
ゲームに慣れたり、もう少し運動量がほしい場合には、お互いの距離を長くしていきましょう。

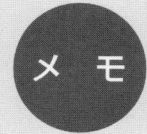

メモ
★ジャンケンの結果が即座に理解できない人には、側についたり、いっしょに行なったりして補助します。
★相手の陣地に踏み入るとは、どのような場合のことか、あらかじめルールをよく話し合って決めておきましょう。例えば、相手の陣地内にいる先頭の人に、ジャンケンで勝った場合は、相手の陣地内に入ったこととします。
★ジャンケンで負けた人は、すぐに次の人へ負けたことを知らせるようにしましょう。負けた人が線外に出ても、次の人がなかなかスタートしない場合には、「負けた！」と大きな声で叫んで知らせましょう。

バリエーション①
直線ばかりでなく、蛇行やうずまき等、コースに変化をもたせるとおもしろいでしょう。

バリエーション②
コース上にフープを置いて、島わたりにすると、空間の認知能力が高まります。

陣地

戸外…地面にラインを引く
室内…ビニールテープなどをはる

リスとオオカミ

何も使わずできる運動・ゲーム

この運動のねらい　オオカミとリスは、追いかけたり、逃げたりすることで、敏捷性やスピード感覚を向上させます。また、多くの人がいる中でぶつからないように移動することで、空間認知能力や安全能力が高まります。

使っている動きのスキル　移動系運動スキル（走る）

準備
オオカミの家（1）…直径3m位の円をかいておきます。

すすめ方

① みんなでオオカミ（鬼）になる人を1人決めます。他は3人で1グループをつくります。それぞれのグループ内でリスになる人を1人、木になる人を2人決めます。木になる人は、2人で向き合って両手をつなぎます。

② オオカミは、「すだち」と言った後、リスを追いかけます。リスは、オオカミの「すだち」の声で一斉に木を変わります。同じ木にとどまることはできません。

③ 木は、リスがくると両手を上げて、リスが入りやすいようにします。ただし、リスが入ったら、すぐ手を降ろし、オオカミが入れないようにします。

④ オオカミは木の中に入っているリスをつかまえることができません。

⑤ オオカミにつかまったリスは、オオカミのトリコとなります。トリコは、オオカミの家に入って、ゲームが終わるのを待ちます。

⑥ このやりとりを繰り返して行ない、リスが全員つかまると、ゲームを終わりとします。

⑦ 最初につかまったリスが次の鬼となり、ゲームを繰り返します。

リス

Point!
空間が狭く、木がくっつきすぎていると、リスの動きが速くなりすぎます。リスが移動しているようすが目で追えるような木の配置がよいでしょう。狭すぎず、広すぎず！

★広い場所で行なう場合は、活動の区域を決めておきましょう。
★リスが速くつかまってしまうようであればリスの数を、リスがなかなかつかまらないようであればオオカミの数を、それぞれ増やしてください。

木　リス　木

バリエーション

オオカミを1人、リスになる人を1人選んだ後は、残った人で2人組を作り、木となります。その後、リスが木の中にしゃがんで入り、立ち上がったときに向かい合わせになった木の役の人が、次のリスとなって、オオカミから逃げるルールにします。
前のリスは、残された木と向き合って手をつなぎ、新しい木となります。
オオカミにつかまったリスは、新しいオオカミとなり、その場で10数えてから、リスを追いかけます。役割を交代します。

オオカミ

Point! 身体能力が高い方の集まりなら、広い空間で活動してみましょう。

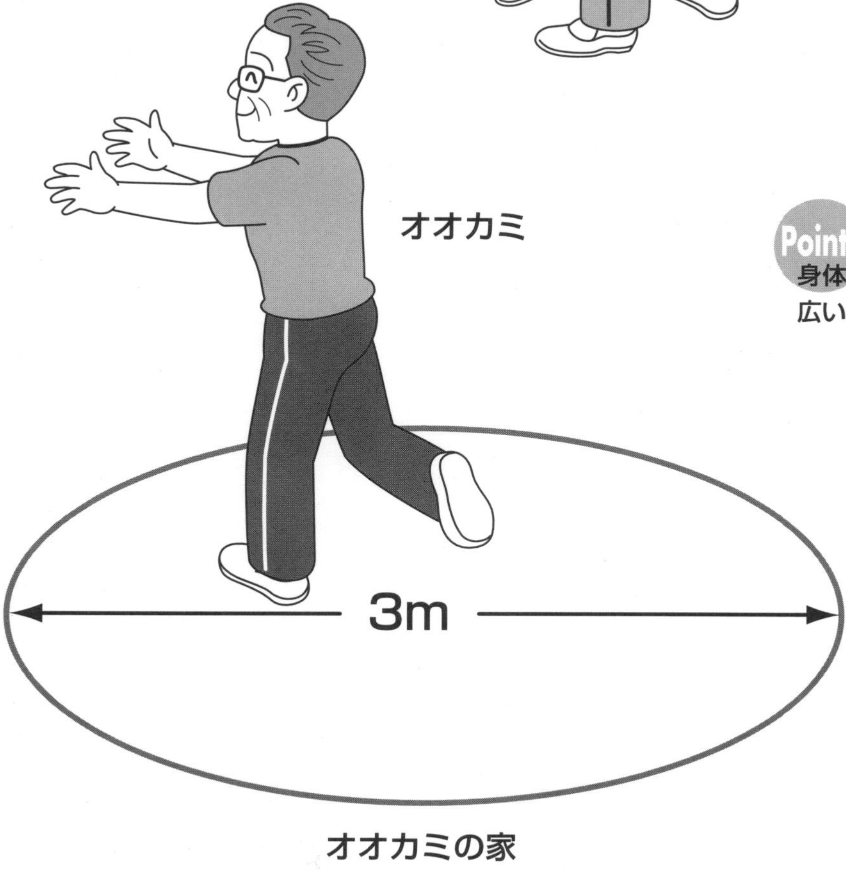

3m

オオカミの家

何も使わずできる運動・ゲーム

むかで鬼

この運動のねらい　チームごとに、すばやく動くことにより、敏捷性や協調性が高まります。また、他のチームの位置やすばやい動きに対応しないといけないことにより、空間を認知する力や安全に活動する力が向上します。

使っている動きのスキル　移動系運動スキル（走る）

すすめ方

① 全員を5〜7人くらいのグループに分けます。
そして、グループごとに並ぶ順番を決め、前の人の腰に手を当てて一列につながります。
② 準備ができたら、それぞれのグループの先頭になった人は、他のグループの最後尾の人をつかまえようとします。背中をタッチされたら、つかまったことになります。また、同時に自分のグループの人を守ります。
③ つかまったグループの最後尾の人は、列から抜け、決められた場所で応援をします。
④ 時間がきたら終わり、列の人数の多いグループの勝ちとします。

Point!
後ろの人は、振りまわされるようになることが多いので、安全な空間を確保してからゲームを始めましょう。

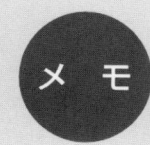

メモ
★列が切れてしまった場合は、手をはなした人がつかまったこととし、列から抜けていってもよいでしょう。
★ときどき合図をして、先頭の人を交代させるのもよいでしょう。

バリエーション①

つかまえた人を、自分の列の最後尾に加えて人数を多くするようにしてもよいでしょう。

バリエーション②

つかまえたグループも、つかまったグループも体勢を整えるために、活動の場の端に設置したイスをまわってから、再度活動に参加するようにしてもよいでしょう。

Point!
肩に手を当ててゲームを行なってもよいですが、身長差がありすぎて、持ちにくかったり、一生懸命になりすぎて、前の人の服をつかみ、首をしめるようになることがあるので、腰に手を当てて動く方がよいでしょう。

何も使わずできる 運動・ゲーム

文字の当てっこ

この運動のねらい
頭や足、肘、お尻など、体のいろいろな部分で文字を空書きして、それを当てっこすることにより、体の認識力や体の活動力を高めます。特に、日頃動かさない体の部分を動かすことができるので、全身の巧緻性や平衡性、筋力の向上へとつながります。また、集中力や判断力の向上もねらうことができます。

使っている動きのスキル
その場での運動スキル（体を動かして文字を書く）

すすめ方

①リーダー（指導者）が、簡単なひらがなを選び、大きく書いて見せます。
②みんなもいっしょに、大きく空書きをします。点やはねるところは、声を出して表現します。
③次に、リーダー（指導者）が書く方になり、みんなの前で、頭や足、肘のどこかを使って文字を示し、みんなはそれを当てます。2回目からは、「今度はどこで書こうか？」と、使う体の部分を聞いてみます。
④文字を書く身体部位を変えたり、文字を徐々に複雑にしていき、何度か、繰り返します。
※お尻で書くと、いちばんおもしろいでしょう。運動にもなります。はじめは、一度リーダー（指導者）が書いて、みんなが当てます。その後、自分で書く役をしてみたいという人が出てきたら、交代します。普段、使わない体の部分で表現しようとするので、動きや格好を見るだけでも、十分に楽しめます。

Point!
お尻で文字を書くとバランス能力が、寝転がって両足を上げて足で書くと腹筋力が、それぞれ鍛えられます。身体部位だけでなく、体の位置や姿勢を変えて、文字を書いてみましょう。体のいろいろな機能の向上に有効です。

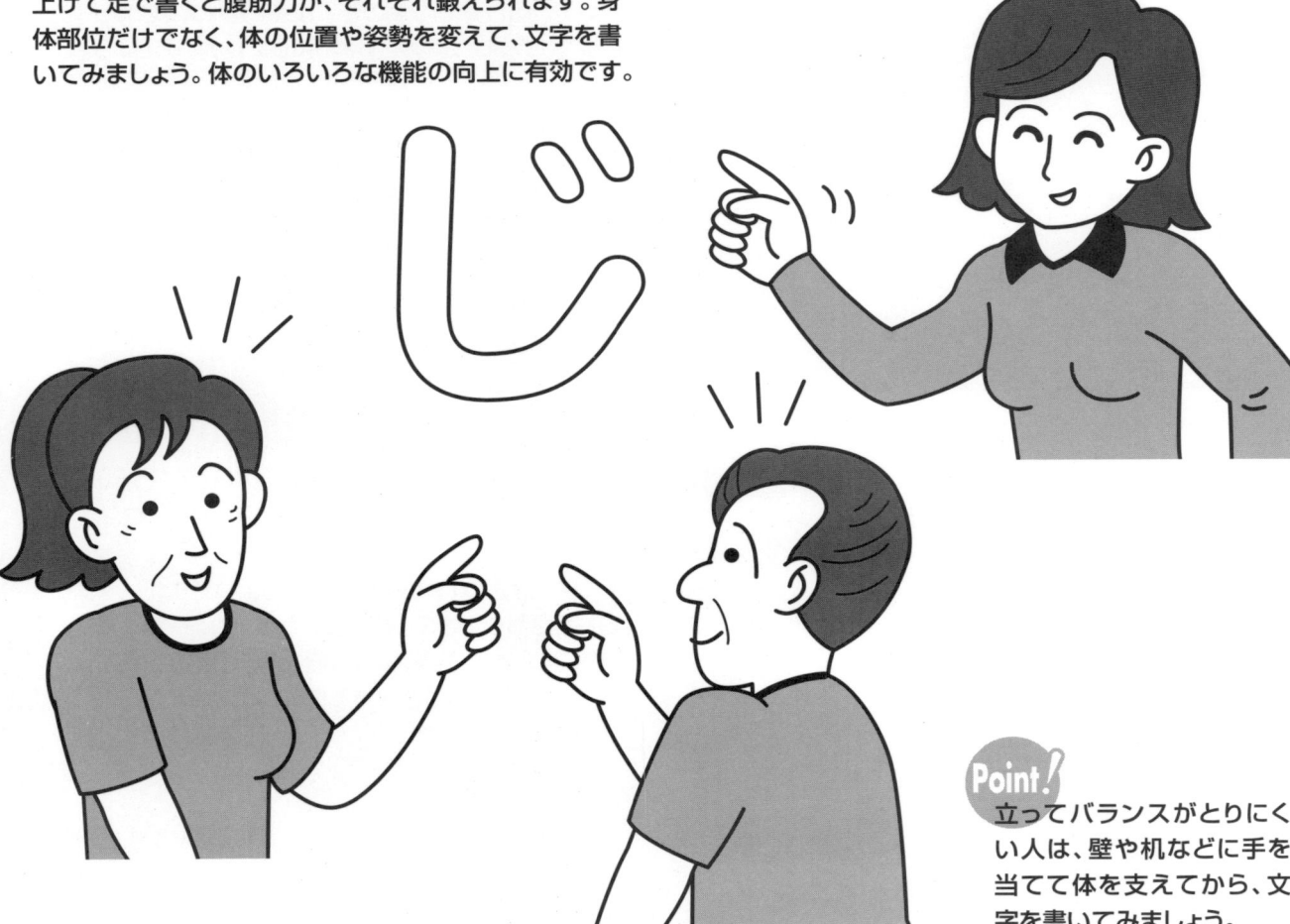

Point!
立ってバランスがとりにくい人は、壁や机などに手を当てて体を支えてから、文字を書いてみましょう。

メモ
★リーダー（指導者）は、できるだけ大きく、文字を書いてみましょう。このオーバーな見本が、ゲームを楽しいものにしてくれます。
★体を使って楽しく文字を書くことで、しぜんに体の機能訓練となり、障害を持たれた方の身体機能回復、リハビリにも最適です。

バリエーション①

グループに分かれて当てっこをします。一度は書くグループになります。そして、それぞれが考える機会をもつようにします。また、体のどこの部分を使っても、どんな格好をしてもよいことを知らせます。

バリエーション②

みんなで1列に並び、お尻で文字の伝言ゲームをしてみましょう。いちばん後ろの人まで正しい文字が伝わるでしょうか？

身近なものを使っての運動・ゲーム

ポーズで伝達

この運動のねらい　1つのポーズを伝達していく中で、観察力や記憶力、再現力が高まるとともに、体の血液循環を良くしてくれます。大脳の働きを良くし、体力維持にも最適です。

使っている動きのスキル　その場での運動スキル（模倣する）

準備　ポーズのかかれた絵カード（数枚）

すすめ方
①グループごとに、縦一列に並びます。
②先頭の人は、そのままで、残りの人は、まわれ右をして、後ろを向いて座ります。
③各グループの先頭の人に、リーダー（指導者）の持っているポーズの絵を見せます。
④先頭の人は、そのポーズを覚え、後ろの人の肩をたたいて振り向かせ、絵のポーズを伝達します。次の人は、その次の人へと、ポーズを伝達していき、いちばん後ろの人まで伝達していきます。
⑤どのグループも、ポーズが最後まで伝わったら、最後の人は、一斉にポーズをします。
⑥指導者は、全員にもとの絵を見せて、正しいポーズが伝わったかどうかを、みんなで見て確認します。
⑦最も正確にポーズが伝わっているグループの勝ちです。

Point!
簡単なポーズから始め、少しずつ複雑なポーズにしていきましょう。

Point!
おもしろいポーズやマスコミではやりのポーズは、みんなの笑いを誘い、楽しさが増えます。

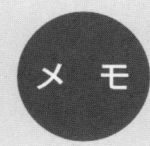

★グループのメンバー数を同数にして行ないましょう。
★慣れてきたら、1グループの人数を増やして、まちがいの出る可能性を高めてみましょう。
　それでも正確に伝達できたら、すばらしいことです。

バリエーション①

グループの先頭の人がポーズを考えて、それぞれのグループに伝えていき、最後まで伝わったら、先頭と最後の人が同時にポーズをして比べてみます。
グループのメンバーで先頭を入れかわり、全員それぞれ違うポーズを考えて行なうと、楽しさが倍増します。

バリエーション②

ポーズを伝えるかわりに、文章を伝える言葉の伝言ゲームも楽しいですよ。

身近なものを使っての運動・ゲーム

棒バランス

この運動のねらい	手のひらに棒を立てることによって、協応性や集中力を高め、物のバランスをとる働きを良くしてくれます。また、自分の位置や体との関係を認識させ、安全能力を高めてくれます。
使っている動きのスキル	操作系運動スキル（手のひらで棒のバランスをとる）

準備　棒（2）…新聞紙を丸めて棒状にし、ガムテープで止めたものでよいでしょう

すすめ方

①2人が手のひらにそれぞれ1本の棒を倒れないように立ててみます。どちらが長く立てられるかを競争します。

②うまく立てられるようになったら、パートナーのまわりを、棒のバランスをとりながら歩いてまわります。1周したら、交代して行ないます。できるだけ速くまわる競争をしてみましょう。できるだけゆっくりまわる競争もしてみましょう。

Point!
棒は少し太めで安定性のよいものを使ってください。細くて軽いものは、バランスをとりにくく、自信がもてなくなります。

動きを工夫した例

棒を手のひらに立てたまま、しゃがんだり、立ったりしてみましょう。
　●何回できるでしょう？

Point!
膝の悪い方は、しゃがむより歩いて、目的地点まで移動してみましょう。

しゃがんだり、立ったり

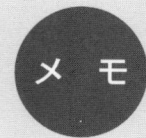

★最初は、バランスのとりやすい棒（掃除機の柄のように筒になっているもの）で練習しましょう。
★目標を決めておいて、どちらが先に到着するかを競争するのもよいでしょう。
★うまくバランスがとれるようになったら、長い棒に挑戦してみましょう。

バリエーション①
棒を頭の上にのせてバランスをとってみましょう。

バリエーション②
棒を額においてバランスをとってみましょう。

バリエーション③
棒を足の甲に置いて、バランスをとってみましょう。

バリエーション④
棒が2本（右手、左手に1本ずつ）になってもできるでしょうか？

身近なものを使っての運動・ゲーム

くものすくぐり

この運動のねらい	包帯に触れないようにくぐり抜けることにより、巧緻性や平衡性、柔軟性、身体認識力を高めます。包帯を持つ人は、静止した状態になるので、筋力を高めます。
使っている動きのスキル	移動系運動スキル（くぐり抜ける）

準備 伸縮性のある包帯…ハサミで切り、数本を準備しておきます。

すすめ方
①2人が数本の包帯を2〜3m離れて持ち、いろいろな形に張ります。そして、包帯を動かさないようにします。
②他の人は、その包帯に触れないように通り抜けます。
③体の一部が当たった人は、包帯を持った人と交代します。

Point!
体の柔らかさや巧みさを保持し、自分の体の位置関係がしっかり理解できるようになります。この活動は、安全能力の向上にも役立ちます。

Point!
包帯を自分の体に結びつけて、障害物を増やしましょう。いちばん良いくぐり方や、くぐる方向を考えることで、大脳の活動水準を高め、頭の働きがさえます。

★最初のうちは、包帯の数を2本からはじめ、うまくなったら増やしてみましょう。
　包帯を持つ人は、自分の体に結びつけてもいいでしょう。
★包帯を持っている人は、包帯を動かさないようにがんばりましょう。
★包帯の位置が低かったら、包帯に当たらないように跳んで渡ってもいいでしょう。

バリエーション①
数組、横に並んで連続くぐりだ！

くぐり方の工夫
逆さ歩きで！

足から！

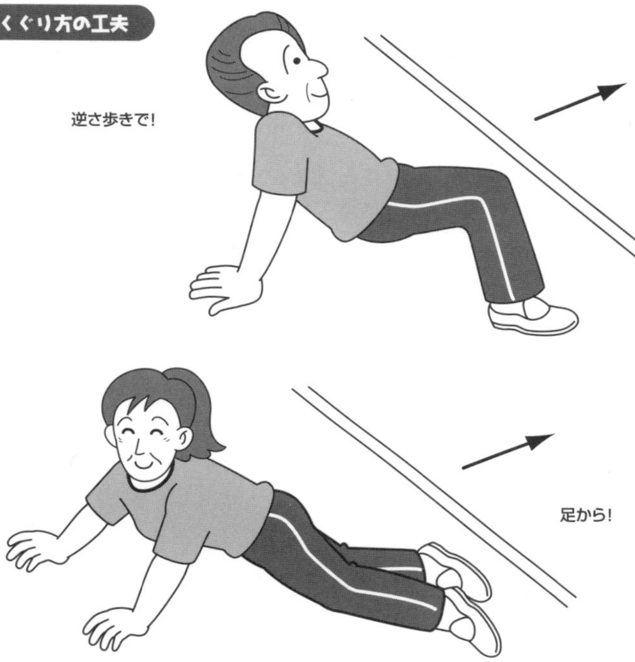

バリエーション②
包帯を持つ2人は、包帯を動かして、形を決めます。そのとき、くぐる人は後ろを向き、見ないようにします。包帯の形が決まったら、そのまま、「上」を跳ぶか、「中」をくぐるか、「下」をくぐるかを伝えます。そして、包帯の方を向き、伝えた方法で通り抜けます。

なか　した　うえ

失敗したら、包帯を持つ役になりましょう。

ハンカチやタオルを使っての運動・ゲーム

ひろいっこ

この運動のねらい	ハンカチを取りやすいところに高く投げ上げることによって、巧緻性や協応性を高めます。ハンカチを床に落とさないように拾うことによって、敏捷性や協応性を高めます。
使っている動きのスキル	操作系運動スキル（投げあげる・受けとる）

準備 ハンカチ、または、スカーフ

すすめ方
① 2人組になり、1人はハンカチを持ち、上に高く投げあげます。
② もう1人は、そのハンカチを床に落とさないように拾います。
③ 今度は、ハンカチを投げる人と受ける人を交代します。
④ ハンカチを受けそこなった人の負けです。

Point!
肩・関節の可動範囲を拡大し、動きがしやすくなります。肩や腕の血液循環がよくなり、肩のこりがほぐれます。

Point!
物を見て反応する「動作発現」のメカニズムが脳内で活性化されます。さらに、空間の中を動くハンカチと自分の動作を対応させる訓練にもなるため、ケガや事故防止にもつながります。

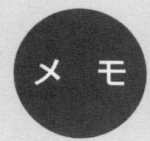

★最初は、できるだけ高くハンカチを投げ上げるようにがんばってください。
★相手がじょうずに拾えるようになったら、ハンカチを少し低めに投げたり、遠くに投げたりしてみましょう。
★あらかじめ、まわりに危険な物を置いていないか、確認してから始めましょう。

体の使い方の工夫

頭や足、指など、体のいろいろな部位で拾ってみましょう。

バリエーション①

ハンカチに結び目を作り、ハンカチの落下の仕方に変化をつけてみましょう。

バリエーション②

ハンカチの数を2枚、3枚と増やして順に投げてみましょう。活動に慣れたら、一斉に5枚ほど投げあげてみましょう。何枚、拾えるでしょうか？

動きに挑戦する例

身体能力の高い方は、座ったり、あるいは床に寝転がった状態から挑戦してみましょう。

ハンカチやタオルを使っての運動・ゲーム

タオルまわし

この運動のねらい	2人で持ったタオルで前まわしや後ろまわしをすることによって、体の柔らかさを高めたり、関節の可動域を広げたりして柔軟性を養います。
使っている動きのスキル	操作系運動スキル（タオルまわしをする）

準備 タオル（1）…大型バスタオル

すすめ方

①タオル1本を、棒状に巻きます。
②2人は片手をつなぎ、つないでいない方の手で、それぞれタオルの端を持ちます。
③2人で協力して、タオルをまたぎ越し、そのまま背中にまわして、頭の上から前に持ってきます。前まわしを2〜3回続けて行なってみましょう。
④次は、タオルを頭の上から背中にまわし、後ろから来たタオルをまたぎ越します。後ろまわしを2〜3回続けて行なってみましょう。
⑤うまくできるようになったら、前からと後ろからを交互に行なってみましょう。

Point!
できるだけ、2人がくっつくとタオルが遠くまで届くので、まわしやすいです。要はお互いに、パートナーがタオルを通しやすいように心がけて動きを作ることが、成功のポイントです。おもいやりが大切ということです。

Point!
タオルの他に、新聞紙を丸めた新聞棒を使って楽しんでください。身近にある物、あるいは廃材を利用して楽しい活動が展開できることはとても魅力的です。

メモ
★からだの硬い方には、長めのタオルか、2本を結んだタオルを用い、ゆとりを持たせましょう。
★パートナーといっしょに行なう場合、パートナーが動きやすいように配慮してあげる思いやりがあると、課題がスムーズにクリアできます。
★タオルの他に、新聞紙を丸めた新聞棒を用いる方法も導入してみてください。

悪い例

1人でタオルをまわそうとしないようにしましょう。

自分のタオルだけが、先に背にいっているのはいけません。

早さを合わせて行ないましょう。

バリエーション①

1人がそれぞれ1本のタオルを持って行なってみましょう。

バリエーション②

2本のタオルを結んでまたぎ越し（大波小波）を行なってみましょう。

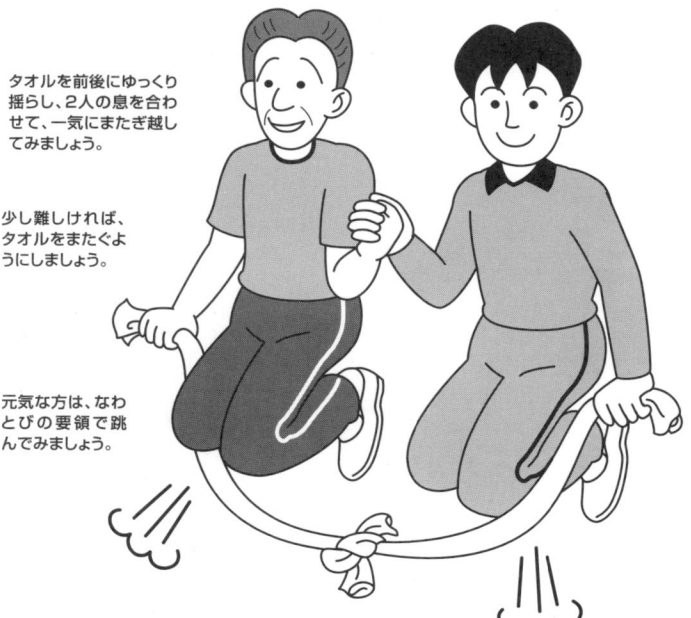

タオルを前後にゆっくり揺らし、2人の息を合わせて、一気にまたぎ越してみましょう。

少し難しければ、タオルをまたぐようにしましょう。

元気な方は、なわとびの要領で跳んでみましょう。

ハンカチやタオルを使っての運動・ゲーム

ハンカチとり

この運動のねらい	ジャンケンの勝ち負けを判断し、すばやくハンカチを握ったり、取ったりする判断力とスピード、協応性を高めます。
使っている動きのスキル	操作系運動スキル（ジャンケンをして物を取ったり、握ったりする）

準備 ハンカチ（3）

すすめ方
①3人で円になって、中心を向いて座ります。右手の親指とひとさし指の間にハンカチをのせて、左手でジャンケンをします。
②ジャンケンをして、勝った人（2人勝ちも可）は、左手で、左隣りの人のハンカチを取ります。負けた人は、取られないように、ハンカチを握ります。あいこの場合は、持っているハンカチを、全員が右隣の人へ渡します。
③ハンカチを取られてなくなったら、あそびからはずれます。
④ハンカチが2枚、手元にあるときは、そのうち1枚を右手の小指とくすり指の間にのせます。
⑤3枚全部、取ることができた人が、勝ちとなります。

Point!
機敏な反応が必要とされるゲームです。神経伝達をよくしてくれ、動きが活性化するとともに、安全能力や判断力の向上に役立ちます。

Point!
ジャンケンをして、その結果で即座に行動を起こすことで、手と手の協応動作の訓練となり、若さを維持してくれます。

メモ
★ジャンケンに勝って、ハンカチを取ろうとしたとき、左隣の人が、2枚持っている場合は、2枚一度に取るのではなく、1枚だけを取るようにしましょう。もし2枚取ったら、無効とします。
★ハンカチを左へまわすだけでなく、途中で右へまわして、向きを変えてみましょう。
★3人だけではなく、もっと人数を増やして、行なってみましょう。

動きを工夫した例
手のジャンケンだけでなく、立ち上がって、足を使ったジャンケンで、ゲームを行なってみましょう。

バリエーション
ハンカチの色を1枚だけ変えて、音楽を流しながらゲームを進めていきます。音楽が終わったときに、その違った色のハンカチを持っていた人が負けとなります。1人が3枚取ってしまったら、音楽が終わるまでは、始めから、ゲームをしていくようにしてもよいでしょう。

ハンカチやタオルを使っての運動・ゲーム

アメつかみ

この運動のねらい	ジャンケンの勝敗によって、ハンカチで作ったアメを取ろうとしたり、取られないように押さえたりすることで、機敏さや目と手の協応性の能力を促進させます。
使っている動きのスキル	操作系運動スキル（ジャンケンをして物を取る）

準 備 ハンカチ（1）

すすめ方
①ハンカチを折りたたんでアメを作ります。
②2人は向き合って座り、間にハンカチのアメを置きます。
③ジャンケンをして、勝った方はアメを取ろうとし、負けた方は、アメを取られないように、押さえます。どちらが速いでしょうか？

Point!
手の動きを見て、勝敗を判断し、即座にアメを取る（押さえる）という動きを作る神経回路を訓練します。このやりとりが大脳の動きを高めるよい刺激となります。

メモ

★ハンカチで、アメを作ることからゲームを展開していきましょう。
★指の爪は、あらかじめ短く切っておくように気をつけてください。

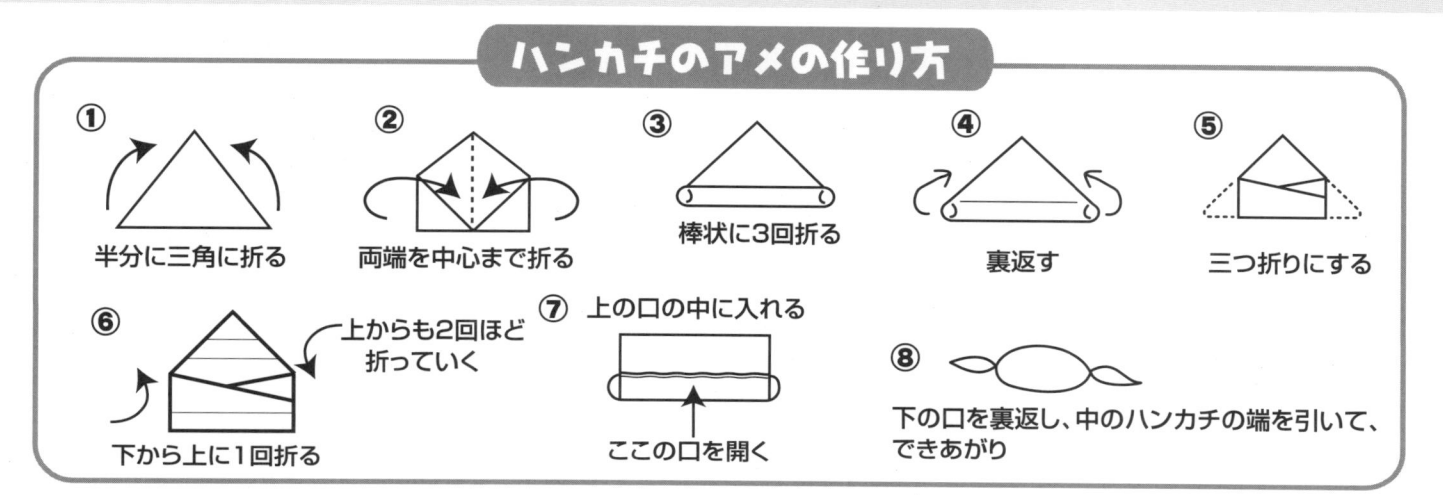

ハンカチのアメの作り方

① 半分に三角に折る
② 両端を中心まで折る
③ 棒状に3回折る
④ 裏返す
⑤ 三つ折りにする
⑥ 下から上に1回折る / 上からも2回ほど折っていく
⑦ 上の口の中に入れる / ここの口を開く
⑧ 下の口を裏返し、中のハンカチの端を引いて、できあがり

バリエーション①

立った姿勢で、足ジャンケンで勝負してみましょう。

グー
パー

バリエーション②

後ろ向きに立ち、足の間からジャンケンをしてみましょう。

ハンカチやタオルを使っての運動・ゲーム

そこぬけハンカチ

この運動のねらい	2人がハンカチを持ったまま、腕の間から体をくぐり抜けさせることによって、リズム感や柔軟性、平衡性を高めます。
使っている動きのスキル	その場での運動スキル（その場でまわる）

準備 ハンカチ（2）…タオルでも可

すすめ方

① 2人は、2枚のハンカチの両端を持ち、向き合います。
② 「なべなべそこ抜け、そこが抜けたらまわりましょ」と歌いながら、ハンカチを持ったまま、腕の間をくぐり抜け、背中合わせになります。
③ 「なべなべそこ抜け、そこが抜けたら、かえりましょ」と歌いながら、同様に腕の間をくぐり抜け、正面向きにもどります。

Point! 体の柔かさや関節の動く範囲を広げてくれます。柔軟性が高まると日常の生活動作の可能性がずいぶん広がります。

Point! まわりやすくするために、姿勢を少し低くすることが大切です。また、パートナーは、ハンカチを持っている手を、まわる動きに応じて上下に動かしてあげましょう。配慮が必要です。

メモ

★慣れたらハンカチを使わずに、2人が両手をつないだ状態で行なってみましょう。2人の間にゆとりがなくなるので、少ししゃがんだり、パートナーがまわりやすくなるように、手を上げてあげたりしましょう。

バリエーション①

まわりにくいようであれば、もう1枚、ハンカチをつなぎ、長くしてみましょう。

バリエーション②

ハンカチの上を、足でまたぎ越してみましょう。がんばって！

ハンカチやタオルを使っての運動・ゲーム

しっぽとり

この運動のねらい	しっぽを取りにいったり、逃げたりすることで、敏捷性やバランス、スピード感覚、空間認知能力を養います。
使っている動きのスキル	移動系運動スキル（走る）

準備 タオル（人数分）

すすめ方
① みんなでジャンケンをし、最後に負けた人が鬼になります。他は全員、子となります。
② 子は、ズボンにタオルを入れて、しっぽにします。
③ "ヨーイ・ドン"の合図で、子は逃げます。
④ 鬼は、5つ数えてから、子を追いかけます。
⑤ 鬼が子のしっぽを取ると、しっぽを取られた子は鬼と交代し、鬼はタオルをつけて子になります。

Point!
慣れないうちは、早歩きのしっぽとりから始めてみましょう。

Point!
一般空間の中における自分の位置を把握し、人から逃げたり、かわして活動することにより、安全に動いたり、事故を防止する力を高めてくれます。しかし、急に激しい動きを導入しないようにしてください。

メモ

★まわりの広さや危険物の有無を確認し、危険物があれば、取り除いてから行ないましょう。
★タオルの長さを調整し、タオルを踏んで転ぶことのないようにしましょう。
★指導者がしっぽをつけて参加するときは、長めにして、取りやすいようにしてあげましょう。

悪い例

タオルを取らせないようにするあまり、タオルを手で持って逃げてはダメです。

バリエーション①

タオルの本数を増やしてみましょう。2本取られたら鬼になることにしましょう。

バリエーション②

全員、お尻にタオルをつけ、多くのタオルを取った人の勝ちとします。タオル取り競争です。

ハンカチやタオルを使っての運動・ゲーム

いい湯だなぁ～!

この運動のねらい タオルを落とさないように、頭上に保つことにより、物のバランスをとる能力や協応性を高めます。

使っている動きのスキル 操作系運動スキル（頭上のタオルを落とさないで運ぶ）

準備 タオル（人数分）

すすめ方
① 2人で1組になり、それぞれの頭の上に4つ折りしたタオルをのせます。
② タオルを落とさないように、ジャンケンをし、負けた方から、勝った人のまわりを1周前向きで歩きます。タオルを落としたら、拾って、その場から続けます。
③ 1周まわったら、次はジャンケンで勝った人の番です。交代して行ないましょう。
④ 今度は、タオルを落とさないように、お互いのまわりを後ろ向きで歩きます。交代して行ないましょう。
⑤ 歩けるようになったら、次は小走りでまわってみましょう。
（前向き・後ろ向き）

Point! ゆっくり、落ちついて、体の動きや姿勢について、見つめる機会となります。どのような姿勢がタオルを頭上で安定させるでしょうか？ 友人の姿勢を見てみましょう。

後ろ歩き
前歩き

Point! 両手を広げて、バランスをとるのも良い方法です。背すじを伸ばしてがんばって!

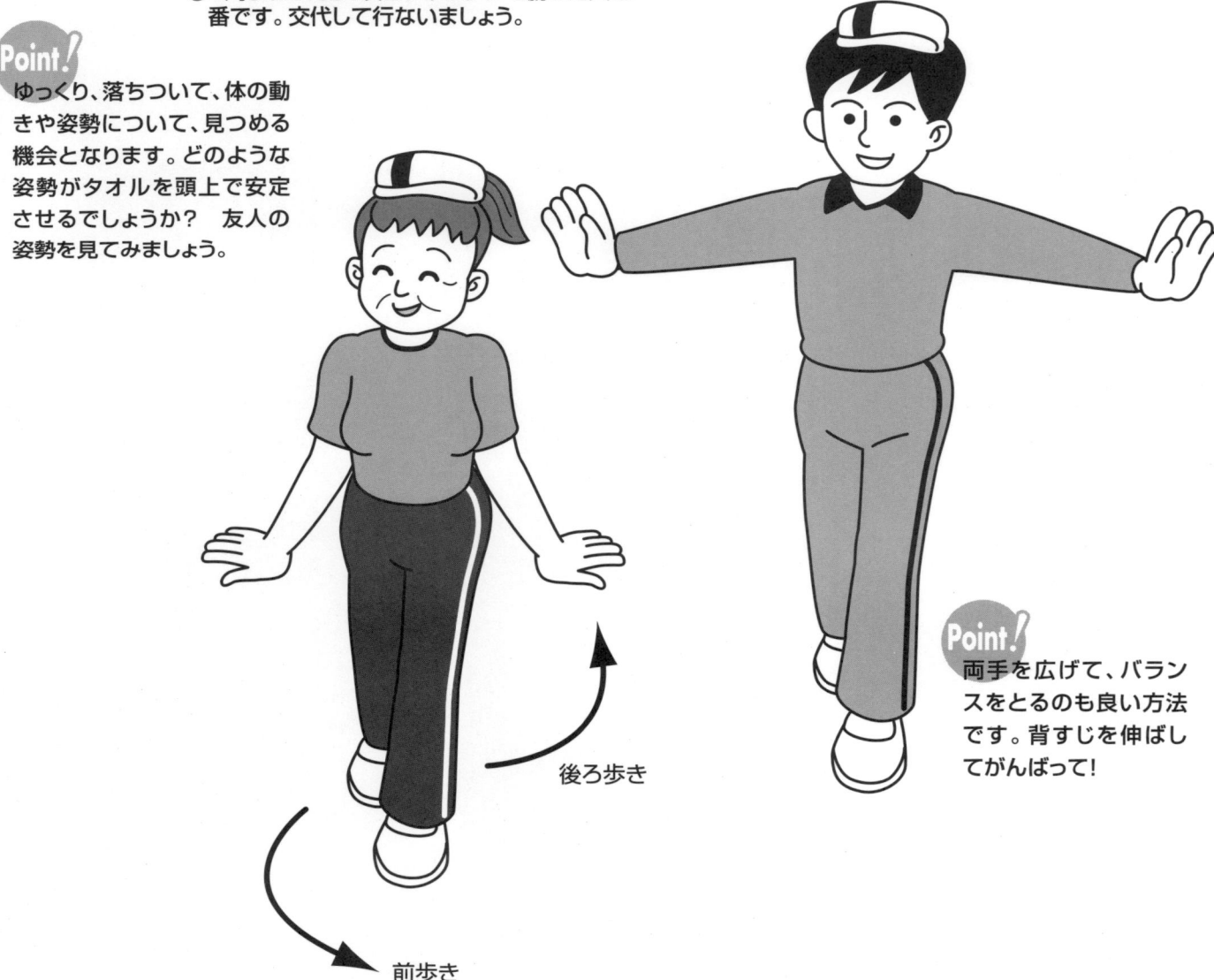

メ モ
★うまくできるようになれば、タオルを落とさないように、頭の上にのせたまま、鬼ごっこをしてみましょう。
★じょうずにできるようになれば、タオルをもうひとつ小さく折って行ないましょう。
★タオルのほかに新聞紙や雑誌などを使って楽しんでください。

動きを工夫した例
スキップでもしてみましょう。

スキップで

バリエーション①
タオルを頭から落とさないようにしながら、鬼ごっこを行ないましょう。

バリエーション②
股にはさんで、落とさないように歩いたり走ったりして動いてみましょう。

バリエーション③
タオルを両足の間にはさんで、鬼ごっこをしてみましょう。

風船を使っての運動・ゲーム

ヒットバルーン

この運動のねらい 風船を打つための協応性と器用さを養い、合わせて敏捷性や移動能力を高めます。

使っている動きのスキル 操作系運動スキル（風船を打ちあげる）

準備 風船（1）

すすめ方
① 1人が手のひらで風船を打ちます。
② パートナーは風船をキャッチし、その後、風船を軽く上に離してから打ちます。
③ このやりとりを繰り返します。
④ 慣れたら、キャッチせずに、打ち合いをします。

Point! 風船を打っても関節や筋肉を痛めることはありません。手が痛くないので、安心して動いてみましょう。とくに腕や手の振りを通して肩関節の可動域を広げていきましょう。

Point! まず、空中に浮いた風船に目をやることが大切です。風船を目で追うことにより、しぜんに首の筋力維持にも役立っています。また、風船を打つ位置まで足を進めるので、下肢による移動能力を推進してくれます。

メモ
★風船を打つタイミングが合わないときには、風船を持ったまま当ててみましょう。
★風船を打つ手を握りこぶしにしたり、ひとさし指1本で打ったり、また強く打ったり、柔らかく打ったりしてみましょう。

バリエーション①
風船をいろいろな方向に打ち、それをパートナーがキャッチします。

打つ方向を変えます。

バリエーション②
飛んできた風船を頭に一度当ててから、キャッチしてみましょう！

ヘッディングしてキャッチ

バリエーション③
風船を1個ずつ持ち、お互いが同時に打ってキャッチし合います。

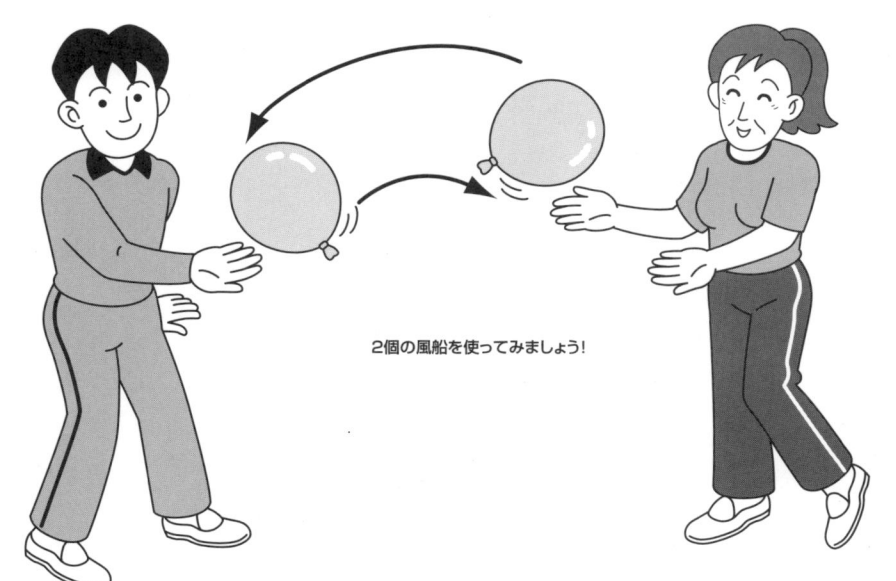

2個の風船を使ってみましょう！

45

風船を使っての運動・ゲーム

風船はさみあそび

この運動のねらい	風船をペットボトルではさんで移動することにより、集中力や協応性、スピード感、空間認知能力を養います。
使っている動きのスキル	操作系運動スキル（風船をはさむ）

準備 風船（1） ペットボトル（2） スタートライン（1）
折り返し地点（1）…スタートからゴールまでの距離は約10m

すすめ方
①2人は、空のペットボトルを1本ずつ持ちます。
②2人は、ペットボトルで風船をはさんで、スタートラインから折り返し地点まで移動します。
③折り返し地点からは、後ろ向きでスタートラインまで、ペットボトルをはさんだままもどります。
④風船が落ちたら、その場から再びやり直します。

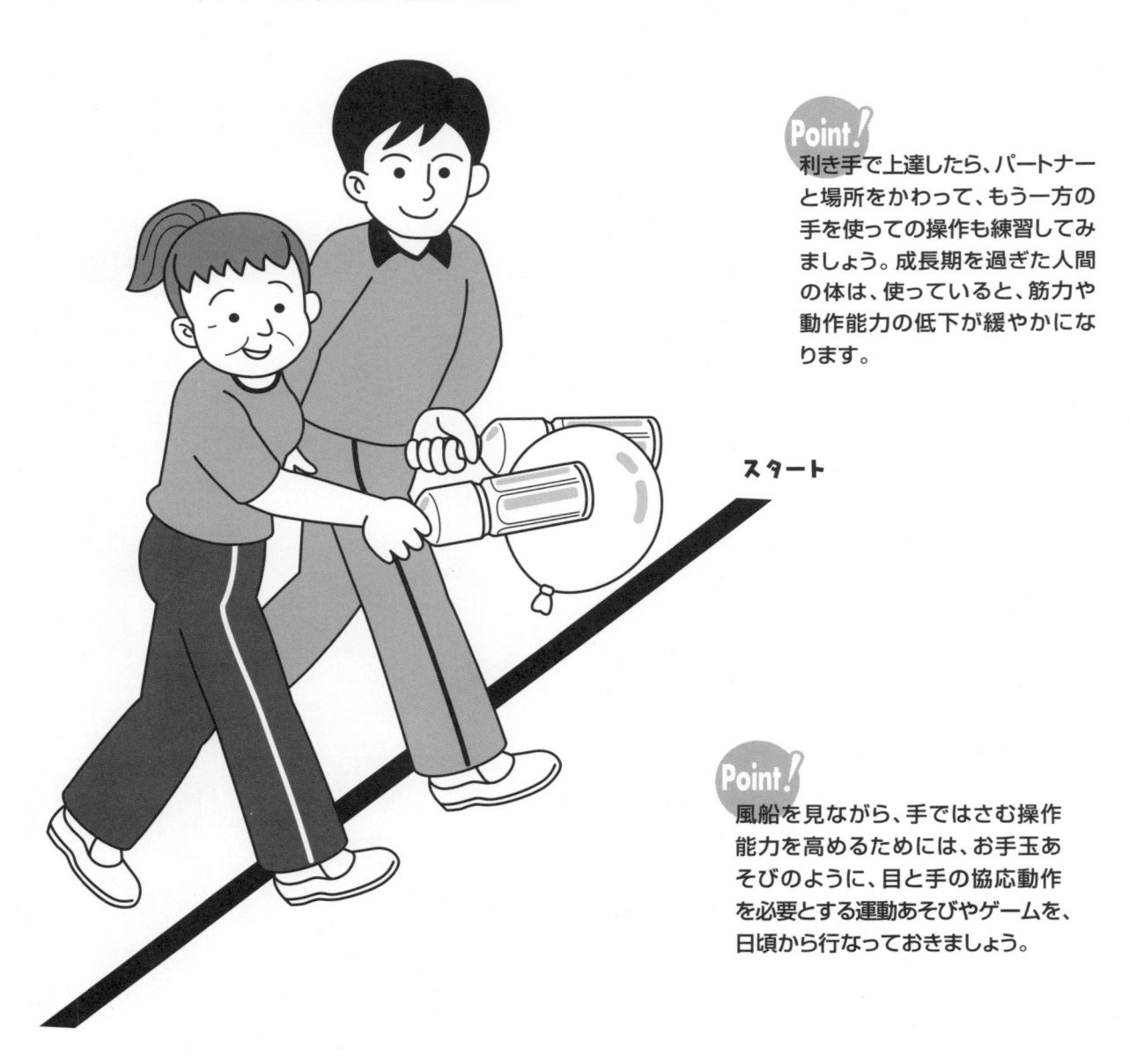

Point!
利き手で上達したら、パートナーと場所をかわって、もう一方の手を使っての操作も練習してみましょう。成長期を過ぎた人間の体は、使っていると、筋力や動作能力の低下が緩やかになります。

スタート

Point!
風船を見ながら、手ではさむ操作能力を高めるためには、お手玉あそびのように、目と手の協応動作を必要とする運動あそびやゲームを、日頃から行なっておきましょう。

メ　モ

★2人は、手をつないだり、肩を組んだり、あるいはお互いに手をはなしたりして、風船を運んでみましょう。
★ペットボトルが持ちにくいようであれば、ペットボトルの口に、丸く巻いた新聞棒や、竹をさし込んで、握り（グリップ）を作ってみましょう。

動きを工夫した例

横歩きで移動してみます。

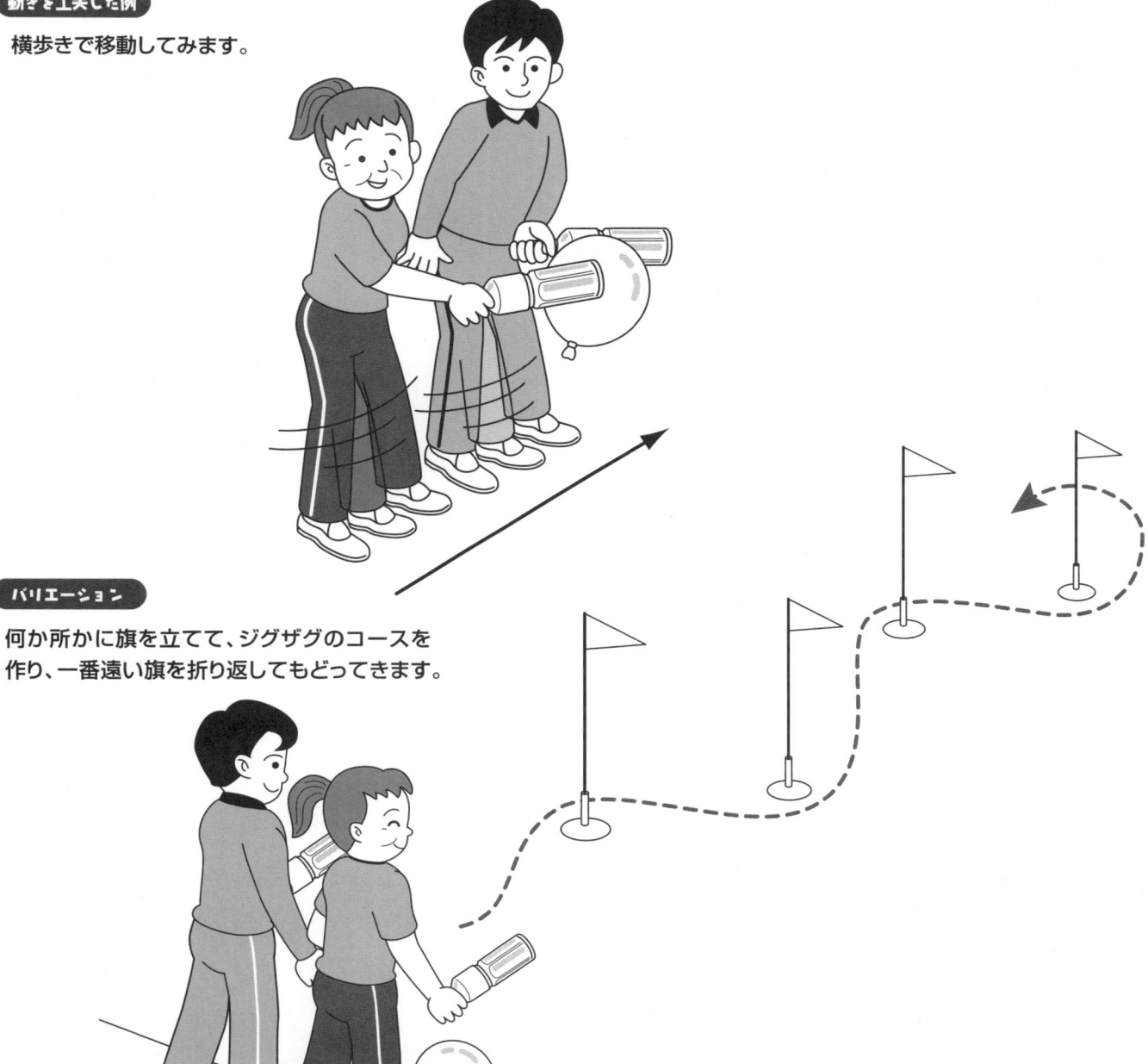

バリエーション

何か所かに旗を立てて、ジグザグのコースを作り、一番遠い旗を折り返してもどってきます。

スタートライン

風船を使っての運動・ゲーム

ぐるぐる風船

この運動のねらい	風船をすばやく隣の人に渡すことにより、機敏な反応動作を養います。また、音楽を聞きながら活動することで、リズム感を養い、さらに友人たちと楽しく動くことで、良き友人関係も広がっていきます。
使っている動きのスキル	その場での運動スキル・操作系運動スキル（風船を渡す）

準備
風船（数個）
MDやCD等（1）…軽快な音楽を準備するとよいでしょう。
MD・CDプレーヤー（1）

すすめ方
①みんなで円をつくり、円の中心を向いて座ります。
②リーダーは、風船を1個持ち、近くの人にその風船を渡します。
③リーダーは、音楽を流しはじめ、それと同時にみんなは、風船を隣りの人へとまわしていきます。
④リーダーは、適当なところで音楽を止め、音楽が止まったときに風船を持っていた人が鬼になり、罰ゲームとしてお尻で風船をわります。
⑤鬼になった人が新しいリーダーとなり、新しい風船を1個持って、再びゲームを始めます。

Point!
まずは、音楽に合わせてリズミカルに風船を送ることを経験しましょう。慣れたら、テンポの違う曲に挑戦したり、複数の風船を送ったりして、集中力を高めていきましょう。

Point!
風船は軽いので、正確に隣の人に手渡すよう心がけることがポイントです。

メ モ	★風船のかわりに、ボールやタオルを使ってみましょう。 ★ゲームに慣れてきたら、風船の数を増やして行なってみるとよいでしょう。

バリエーション

風船を2個使って、それぞれ反対方向にまわして行なうと、おもしろいでしょう。

風船以外にも、いろんなボールやハンカチを使ってみましょう。

ハンカチ　　ソフトボール

音を怖がる人に対する配慮

風船のわれる音を怖がる人には、紙風船を使ってみましょう。

紙風船

風船を使っての運動・ゲーム

風船宅配便

この運動のねらい うちわで風を起こし、風船を運ぶことにより、筋力や集中力、調整力を養います。

使っている動きのスキル 操作系運動スキル（うちわをあおいでコントロールし、風船を運ぶ）

準備 風船（1） うちわ（3）

すすめ方

① 3人で行ないます。ジャンケンをし、最後に負けた人が鬼になります。他は、配達員となります。3人ともうちわを持ちます。
② 1人の配達員は風船を持ち、もう1人と向き合います。鬼は、2人の配達員の間に立ちます。
③ 配達員はうちわで風を起こし、もう1人の配達員の所まで風船を運びます。このとき風船にうちわで触れないようにします。
④ 鬼は、横からうちわで風を起こして邪魔をします。
⑤ 無事、風船が配達員からもう1人の配達員の所に着いたら、一度、手に持ちます。そして、もう一度折り返しの風船送りをします。
⑥ 3人で役割を交代してゲームを楽しみます。

Point! うちわの使い方のじょうずな人は、ハンディとして、利き手でない方の手を使ってもらいましょう。

配達員

受け取る人は、その場で動かないように。

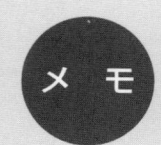

| メモ | ★風船を手で持って行なったり、うちわで触れないようにしましょう。
★風船の到着を待つ人は、ただじっと待っているのではなく、「がんばって」「鬼に負けずにがんばれ」等と、言葉をかけるようにしましょう。
★邪魔をする回数や移動範囲、風船を運んでいる人との距離を決めておくのもよいでしょう。
★両手にうちわを持って、風船を運んだり、邪魔をしたりするのもよいでしょう。
　風のないところで、まわりの安全に注意して楽しんでください。 |

鬼

Point! うちわが風船に当たらないように、気をつけてください。ゲームの前に、風船をうまく移動させる力加減を体験して、身につけておきましょう。

配達員

ボールを使っての運動・ゲーム

ボールわたし

この運動のねらい	体の一部を固定し、体をいろいろな方向に向けて、ボールを手渡すことによって、筋肉の柔らかさや関節の可動域が広がって柔軟性が増します。
使っている動きのスキル	その場での運動スキル・操作系運動スキル（ボールを手渡す）

準 備 ボール（1）

すすめ方
① 2人が適当な距離を開け、背中合わせで立ちます。足の位置を動かさないようにして、1個のボールを2人が同じ方向に上体をひねり、手渡します。
② ボールは必ず両手で渡し、受け取るときも両手で受け取ります。
③ 2人が反対の方向に上体をひねり、ボールが8の字を描くようにして渡します。

①の動き

体の動き

③の動き

ボールの動き

Point!
音楽をかけて、楽しく動いてください。単純な動きであっても、音楽を使うと反復が可能となり、動きに磨きがかかります。また、テンポの異なる曲を用いて、ボールわたしのリズムを変えてみましょう。

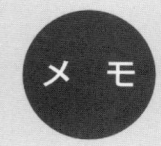

メモ
★ボールを2個にして、片手で1個ずつ渡すというのもおもしろいでしょう。
★人数が多いときは、何組かで競争してみましょう。
★ボールの渡し方を2人で考えて、試してみましょう。このとき、一度試みた動きは使わないというルールを設け、いろいろな渡し方を創作していただきましょう。

バリエーション①
2人が背中合わせに立ち、頭上から頭上へのボールわたしを行ないます。

Point!
大きさや重さの異なるボールを使って、ボールわたしを楽しんでください。中でも、少し重いボールになると、筋肉に負荷が加わるので、筋力維持に有効です。

バリエーション②
2人の距離を少し広げ、転がしパスやワンバウンドパスでもやってみましょう。

動きを工夫した例
2人が向かい合って開脚で座ります。ボールを手から離さないようにして転がし、自分の体のまわりを1周させてから、パートナーに渡します。

53

ボールを使っての運動・ゲーム

ボールはこび

この運動のねらい	ロープを使ってボールを運ぶことにより、協応性と操作能力、集中力や空間認知能力を高めます。
使っている動きのスキル	操作系運動スキル（ボールをロープに引っかけて運ぶ）

準備 ロープ（2） ボール（2）

すすめ方
①3人が横に並び、2本のロープを持ちます。真ん中の人のみ、両手に1本ずつのロープを持つことになります。
②それぞれのロープにボールを1個ずつ引っかけて、一斉にボールを転がして運びます。
③3人で目的地を決め、そこまで運びます。

Point! 勢いをつけてボールだけを進めると、後のコントロールができないので、ゆっくり運ぶことが大切です。

Point! まずは、2人組でのボール操作に慣れることが大切です。ロープのひっかかり具合を感じながら引っぱりましょう。

メモ

★操作がうまくできない人には、他者がスピードを合わせてあげましょう。
★いろいろな運動経験を持っていただくために、ロープを太くしたり、細くしたり、長くしたり、短くしたり、ボールの大きさも変えてみましょう。
★お互いに声をかけ合って、ロープを動かすタイミングをとりましょう。
★うまくボールを運べるようになったら、コーナーをまわったり、長い道を作って、その道に沿ってボールを転がす挑戦をしてみましょう。

動きを工夫した例

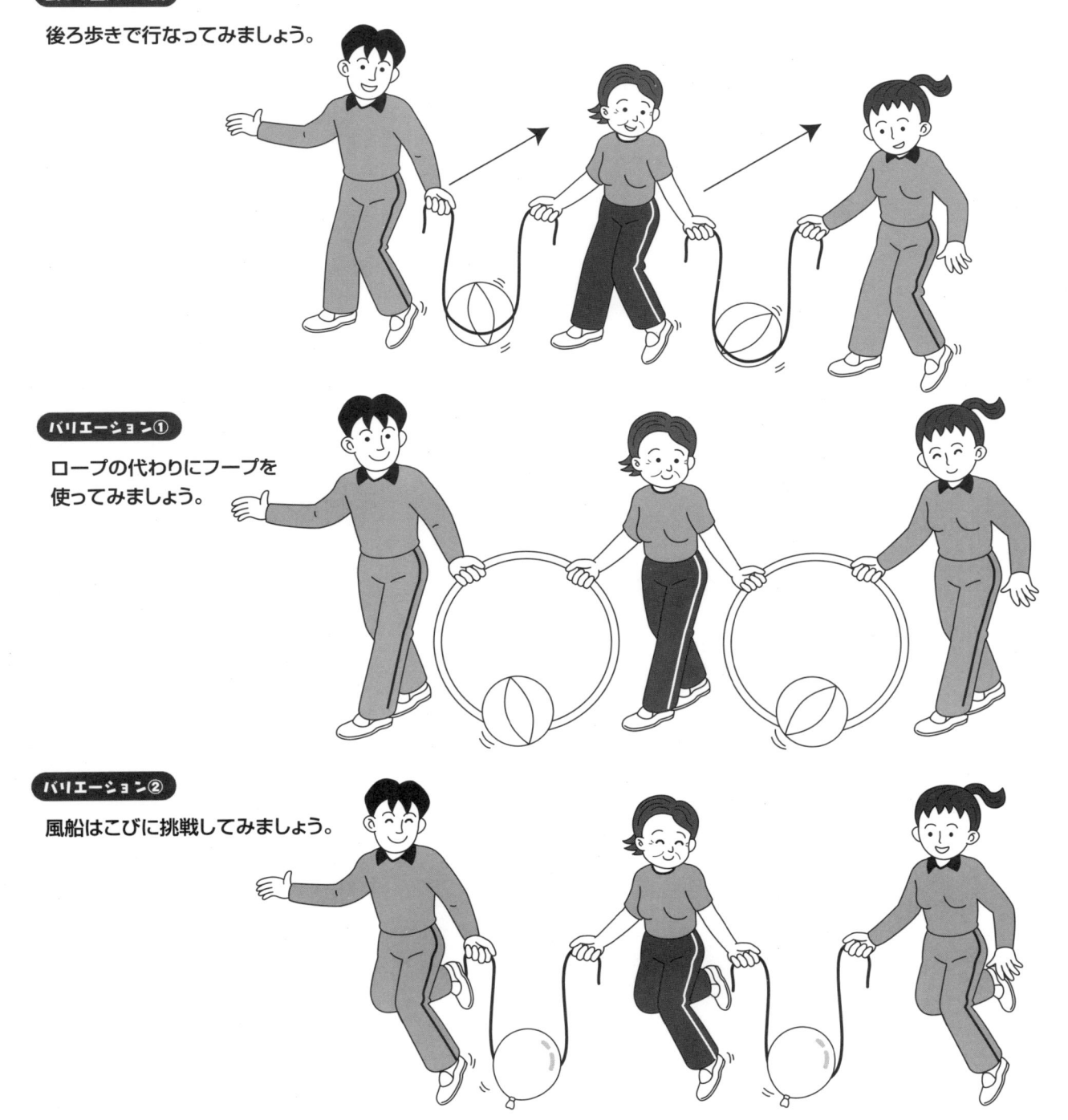

後ろ歩きで行なってみましょう。

バリエーション①

ロープの代わりにフープを使ってみましょう。

バリエーション②

風船はこびに挑戦してみましょう。

55

輪（フープ）を使っての運動・ゲーム

輪ころがし

この運動のねらい 輪をできるだけまっすぐ遠くに転がしたり、目標に向かって転がすことによって、物を操作する能力（協応性）を高めます。

使っている動きのスキル 操作系運動スキル（輪を転がす）

準備 輪または、フープ（1）…ここでは「輪」としています

すすめ方
①輪を順回転させ、できるだけ遠くに転がします。
②だれが一番遠くへまっすぐ転がせるか、競争してみましょう。
③前方に的を設置し、的に向けて輪を転がし、的当てを楽しむこともできます。

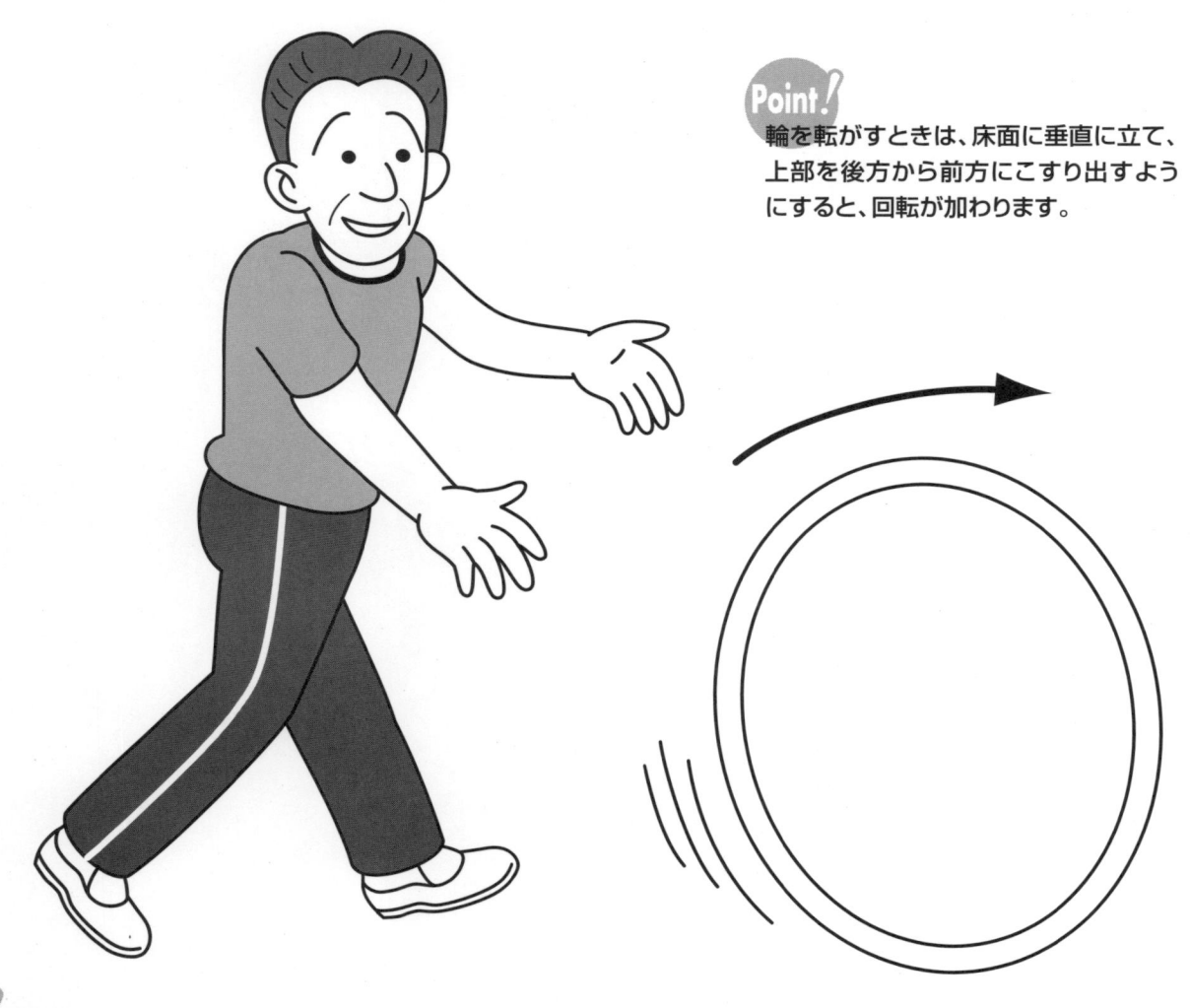

Point! 輪を転がすときは、床面に垂直に立て、上部を後方から前方にこすり出すようにすると、回転が加わります。

Point! 最初は力強く転がすよりも、やさしく転がし、正確に目的地点まで転がるようになったら、距離をのばしていきましょう。そうすると、しぜんに力強さも加わってきます。

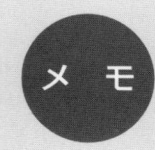

メモ
★上達したら輪を逆回転で転がし、自分の所へもどしてみましょう。
★大勢で行なうときは、隣の人との間隔を十分にとったり、一斉に同じ方向に転がし、安全を確保した後、一斉に取りにいくようにしましょう。

動きを工夫した例
転がした輪を追いかけて、止めてみましょう！

輪が倒れないうちに
止められますか？

2人組での活動 パートナーに向かって転がしてみます。
（順回転と逆回転を試してみましょう）

ちゃんと届きますか？
これは逆回転です！
もどってくるから、もどらないうちに
すばやく受け取ってください。

バリエーション
2つの輪を使って、2人が同時に転がしてみましょう！

順回転で

逆回転で
うまく交換できますか？

輪（フープ）を使っての運動・ゲーム

輪くぐり

この運動のねらい	輪の中に入ったり、出たり、くぐり抜けたりする動作の中で、巧緻性や体の柔らかさ（柔軟性）を高め、身体認識力を維持させます。生活の中での段差にも悩むことなく、体の安全確保ができる若い体を保ちます。
使っている動きのスキル	移動系運動スキル（くぐり抜ける）

準 備 フープ(1)……ここでは「輪」としています

すすめ方
① 2人1組になり、1人は輪を床面から離して水平に持ちます。パートナーの能力に合わせて高さを調節します。
② パートナーは跳んだり、またいだりして、輪の中へ入ります。
③ 輪の中に入ったら、輪に触れないよう、這ってくぐり抜けます。この時の輪の高さは、はじめの状態を保持します。
④ うまくくぐり抜けることができれば、パートナーと役割を交代です。輪に触れた場合は、もう一度、挑戦してみましょう。

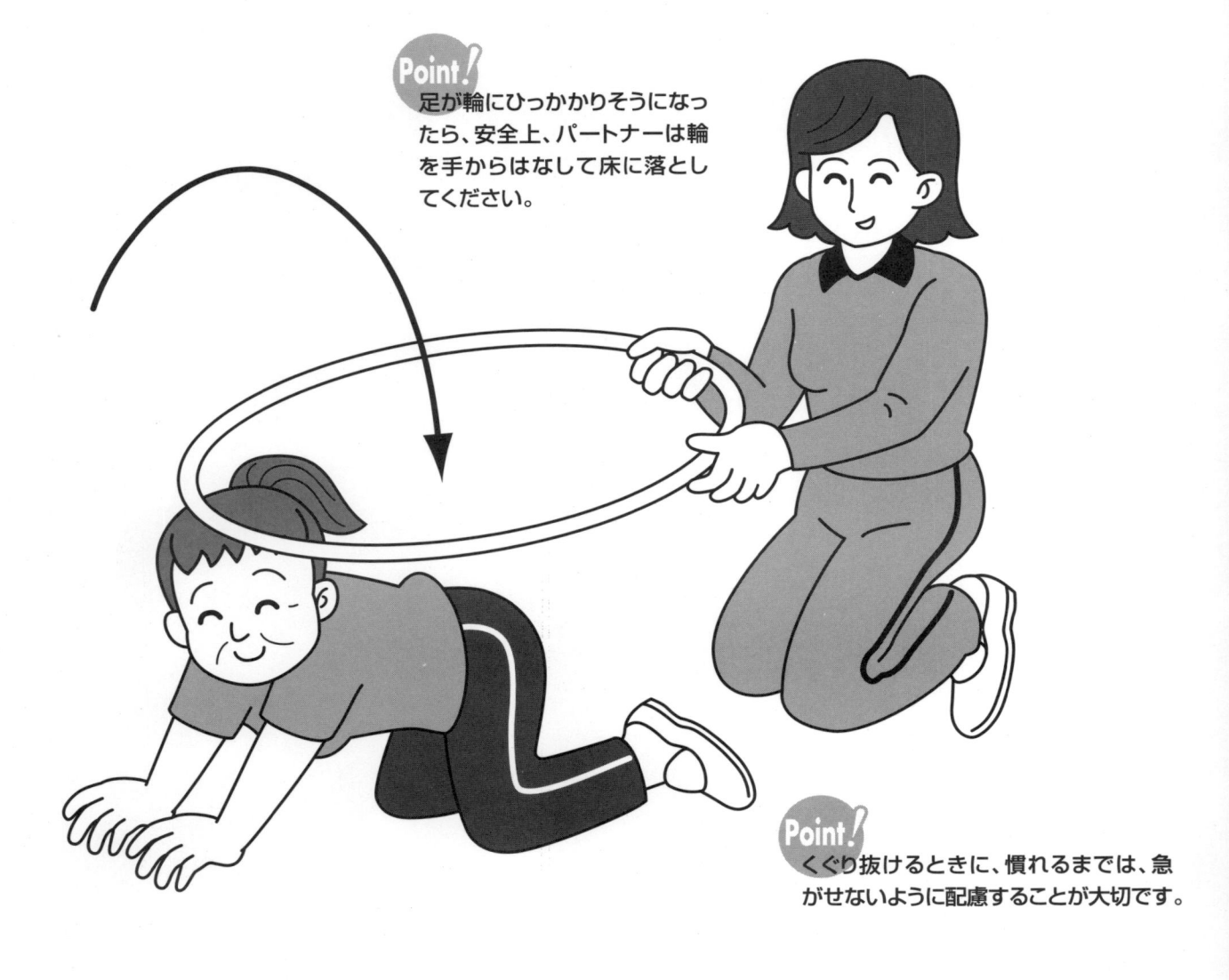

Point! 足が輪にひっかかりそうになったら、安全上、パートナーは輪を手からはなして床に落としてください。

Point! くぐり抜けるときに、慣れるまでは、急がせないように配慮することが大切です。

メモ
★いろいろな方法で、くぐり抜けをしてみましょう（例：四つ這い、寝転がり）。
★慣れたら、輪の大きさを小さいものにしていきましょう。
★大きな輪に2人が入って、輪くぐりにチャレンジしてみましょう。

バリエーション①

垂直に立てた輪をくぐり抜けます。
パートナーのまわりをまわりながら、
何回か続けましょう。

輪くぐりまわり

バリエーション②

ブランコのように揺れている輪の中へ
入ってみましょう。「ブーラン、ブーラン」
と、リズムをつけて行ないます。

59

輪（フープ）を使っての運動・ゲーム

くぐりリレー

この運動のねらい	フープの中をすばやくくぐる器用さや、巧緻性を高めるとともに、身体認識力を養います。
使っている動きのスキル	操作系運動スキル（フープを頭から通して、足から抜く）

準備 フープ（2）

すすめ方

① みんな同数になるように2チームに分かれ、列を作ってまっすぐに並びます。

② 合図で、列の一番前の人からフープの中に頭を入れ、足から抜くようにしていきます。自分の体を通し終わったら、次の人にフープを渡します。

③ 次々にフープくぐりをして、フープを後ろの人に渡していき、一番後ろの人がフープくぐりをすませ、フープを持ってはやくバンザイしたチームの勝ちです。

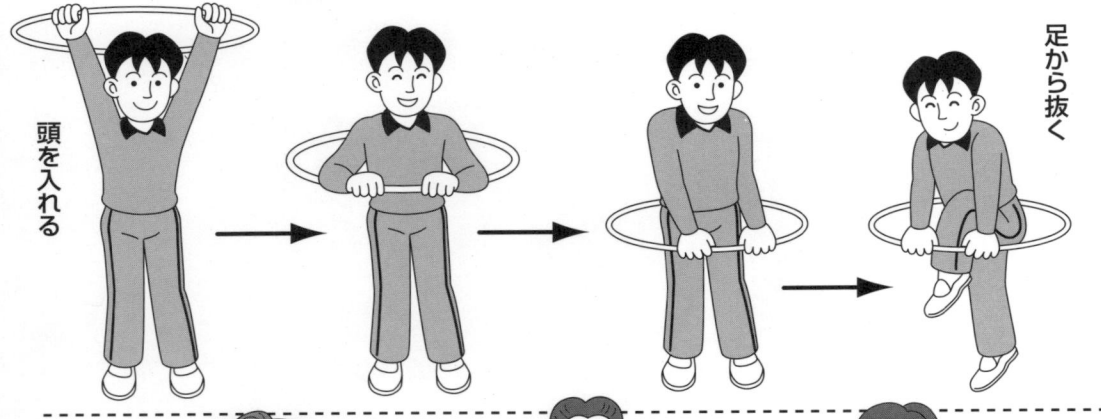

頭を入れる → → → 足から抜く

Point! 頭から入れ、足から抜くのがポイントです。体で覚えたら、チーム対抗で競ってみましょう！

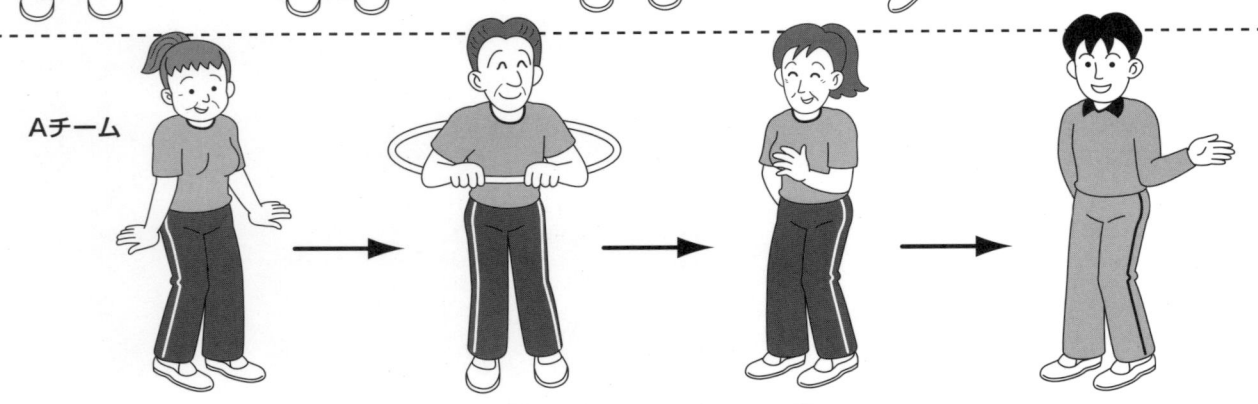

Aチーム

Bチーム

Point! フープくぐりは、巧緻性や身体認識力を高め、外界の状況を察知する力が身につくので、事故防止や安全能力向上のために有効です。

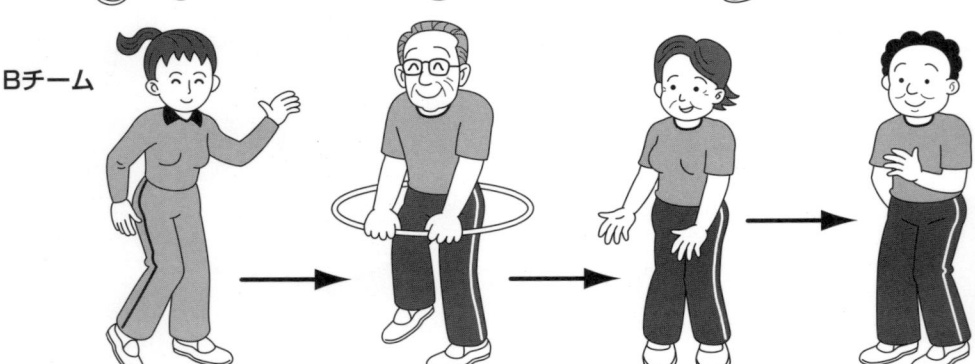

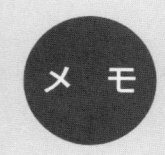

|メ モ| ★髪の長い人は、安全上、最初から結んでおいたり、帽子をかぶって行ないましょう。
★あせってフープを足にひっかけて転ばないように注意しましょう。
★どのようにしたら速く通せるか、チームごとに話し合って作戦を立てて挑戦してみましょう。

フープのくぐり方の工夫

頭からだけでなく、足からフープを通し、頭から抜いてみましょう！

バリエーション①

①「頭→足」②「足→頭」の2つのくぐり方を交互にして、リレーをしましょう。

バリエーション②

① 1チームを2グループに分けて、それぞれ対面するように座ります。
② 合図により、先頭の人から、チームの真ん中に置いてあるフープのところまで走っていき、その場でフープくぐりをします。
③ すんだら、その場所へフープを置き、反対側に座っていた同じチームの人にタッチをし、リレーをしてチームごとに競います。

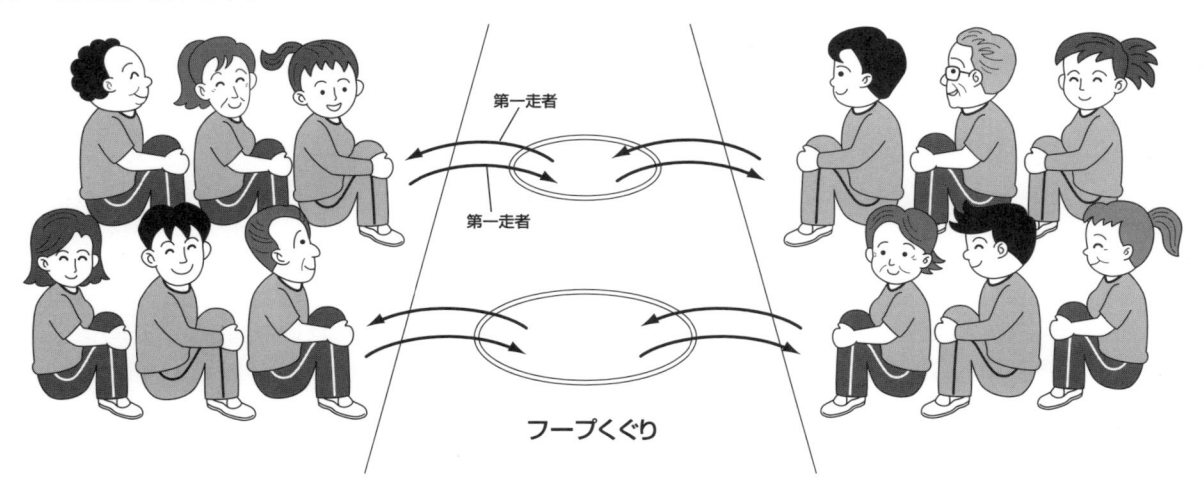

第一走者
第一走者

フープくぐり

シニア運動会用 ちょっと準備が必要な 運動・ゲーム

それいけパンツ

この運動の ねらい	2人がすばやくパンツをはき、走ってもどってくることにより、機敏さや巧緻性、瞬発力、走力、協調性を高めます。
使っている 動きのスキル	操作系・移動系運動スキル（デカパンツをはいて走る）

準 備
スタートライン（1）
旗（各チームに1）………折り返し地点用
デカパンツ（各チームに1）

すすめ方
①チームごと、スタートラインの手前に、2人ずつ1組になって並びます。先頭のペアは、スタート地点に置かれているデカパンツをはきます。片方の足に1人ずつ入ります。
②スタートの合図で、デカパンツをはいたまま走り、折り返し地点の旗をまわってもどってきます（最後尾につく）。
③スタート地点にもどったら、デカパンツを脱ぎ、次のペアにデカパンツを渡します。
④全部のペアが速く終わったチームの勝ちです。

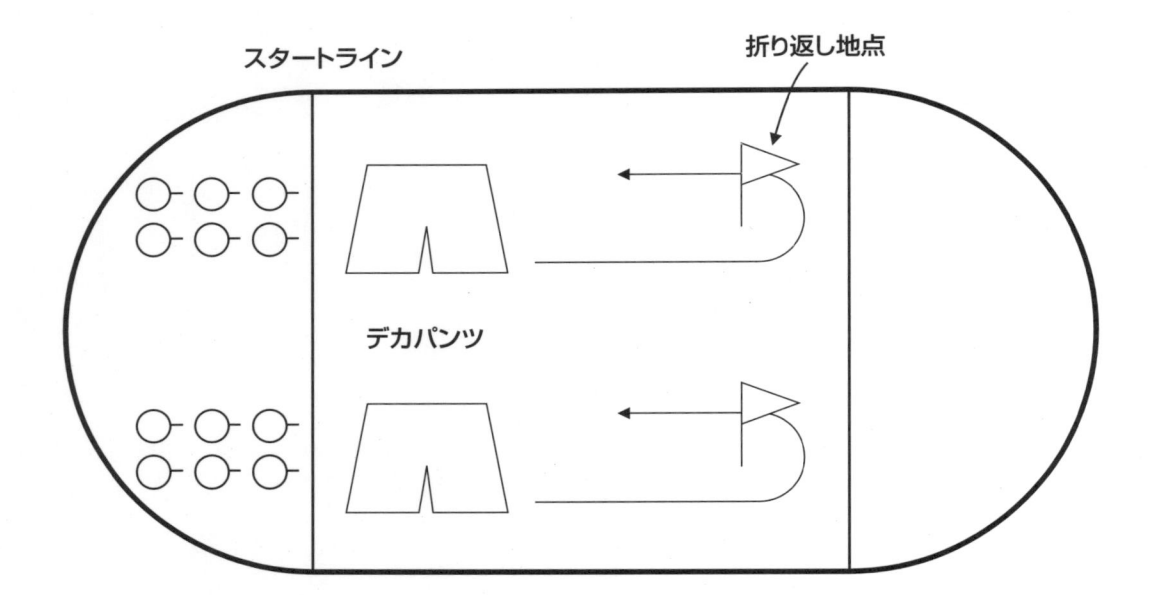

シニア〜高齢者のための運動会について

学校や地域の運動会では、シニア〜高齢者に対して参加を促したとしても、とかく一種目のみの参加が多いようですが、いろんな種目に挑戦したり、数多くの活動に参加したいという声も多いようです。そこで複数種目に参加できる場…シニア〜高齢者だけで楽しむ運動会…を企画してもよいのではないでしょうか。

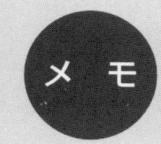

| メ モ | ★デカパンツは、片足に大人が1人入るくらいの大きさで作りましょう。膝丈にすると、動きやすくなります。ウエスト部分をゴムで調節するとよいでしょう。
★折り返し地点には、旗の代わりにパンを用意して、パン食い競争の要素を取り入れると、ゲームが盛り上がります。
★スタート地点へもどった後、チームの列の後ろをまわってから、次のペアに交代したりすると、チーム全員の参加意識が高まって楽しいでしょう。 |

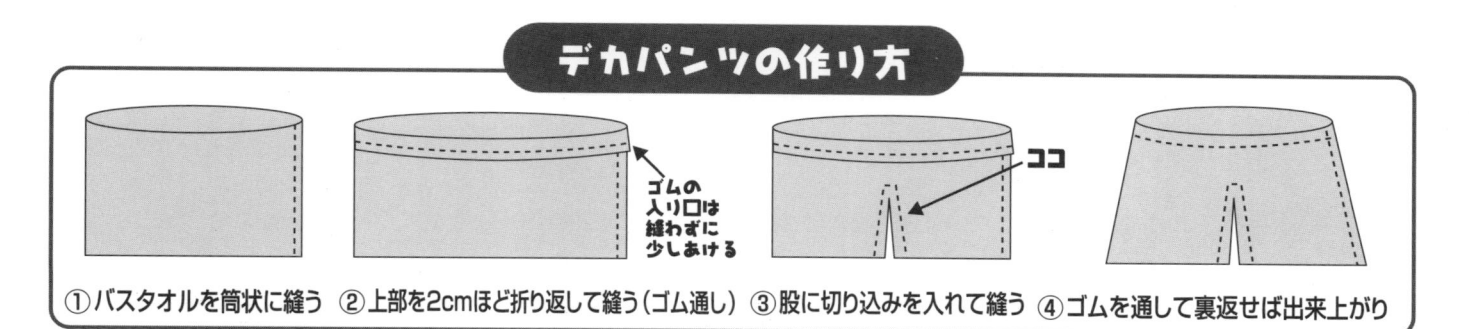

デカパンツの作り方

① バスタオルを筒状に縫う　② 上部を2cmほど折り返して縫う(ゴム通し)　③ 股に切り込みを入れて縫う　④ ゴムを通して裏返せば出来上がり

※ゴムの入り口は縫わずに少しあける
※ココ

Point!
2人がお互いの動きのレベルを尊重し、無理強いをせずに走ります。2人の呼吸が合い、タイミングがつかめたら、少しずつ速く走るようにしましょう。まずは、思いやりが大切ですね。

Point!
タイミングをつかむために、2人で「1.2,1.2」と声をかけ合うと、大変スムーズに走れるようになっていきます。

シニア運動会用 ちょっと準備が必要な 運動・ゲーム

ちょっとそこまで

この運動の ねらい	走って旗をまわってくることにより、瞬発力や敏捷性、巧緻性、空間認知能力を向上させます。そして、血液循環をよくして、心肺機能を高めてくれます。
使っている 動きのスキル	移動系運動スキル（走る）

準備
スタートライン（1）
旗（各チームの人数分）………折り返し地点用（「1～人数分」の番号の入った旗とゼッケンを準備しておきます。）
たすき（各チームに1）………バトンの代わり
ハチマキ（各チームに1）……アンカー用

すすめ方
①5人くらいで、1チームを編成します。折り返し地点の旗には、スタートラインに近い方から1としておきます。
②スタートの合図で先頭の人が走り、1の旗をまわってもどってきます。
③スタート地点にもどったら、次の人に交代し、2の旗をまわってもどってきます。次の人は3の旗というように、少しずつ遠くの折り返し地点をまわってもどってきます。
④アンカーは、いちばん遠くの旗をまわってもどってきます。もどってきたら、全員でバンザイをします。
⑤最も速く、全員がゴールしたチームの勝ちとなります。

Point!
年齢や運動能力のレベルに応じて距離を変えることができるので、適度な運動を体験してもらうことができます。

Point!
自分のまわる旗を確認し、移動しながら的確にまわることで、空間と自分の位置との関係についての理解を深め、空間認知能力や判断力を高めます。

| メ　モ | ★1チーム5〜6人で構成し、チーム対抗リレーにすると楽しくできます。
★それぞれがどの旗をまわるのか、事前に申し合わせておくことが大切です。そのためには、旗に番号をつけただけではなく、ゾウやウサギ等のイラスト入りの旗にして、子どもも気軽に参加できるよう工夫してみましょう。 |
|---|---|

バリエーション

★それぞれがまわる旗の所に、かざぐるまやメダル等のお土産を用意すると、雰囲気が盛り上がります。
★走るだけでなく、競歩にしたり、昔よく遊んだ竹馬やカンポックリ等を使って競技してみましょう。乳母車を取り入れると、乳児も参加できます。

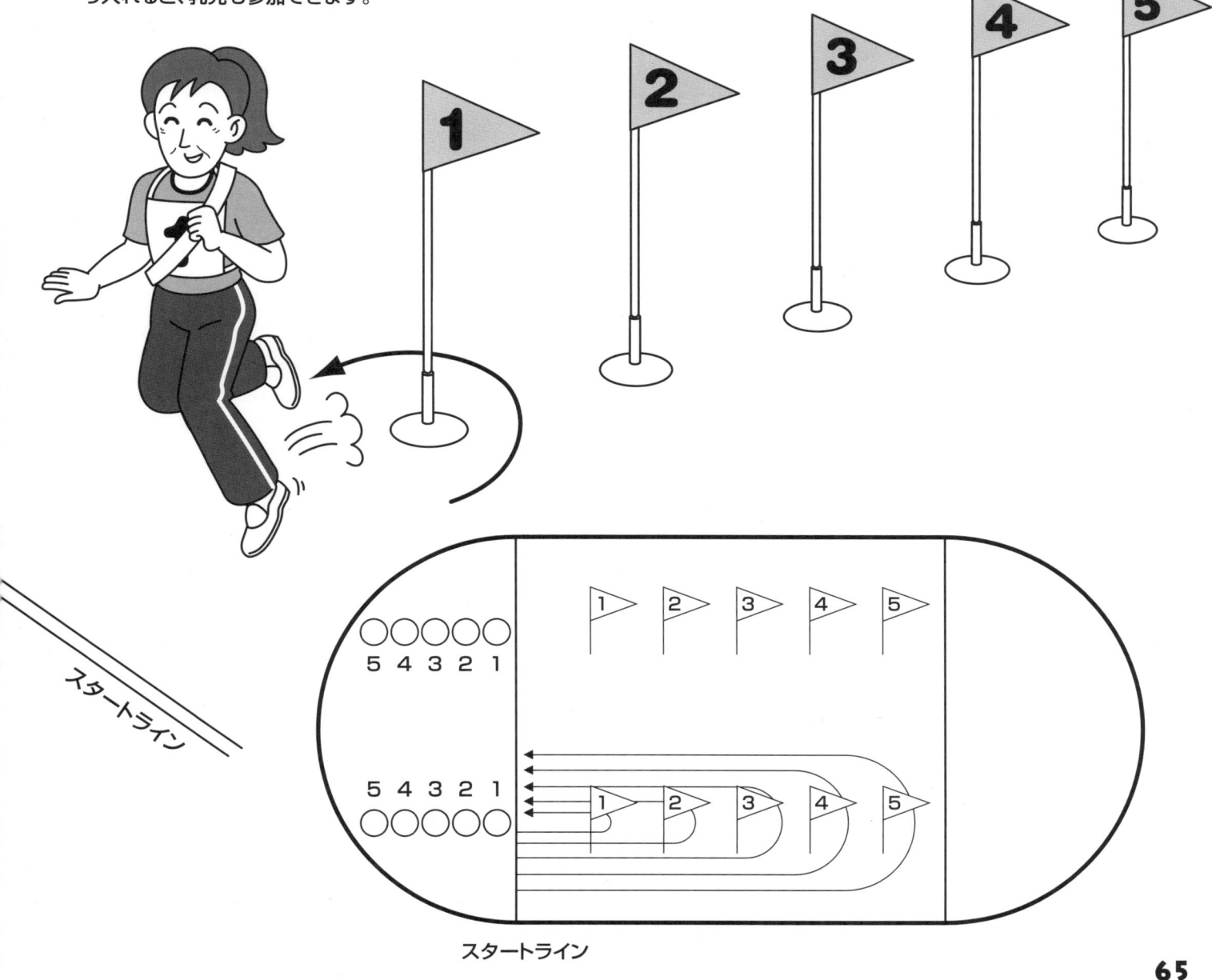

スタートライン

スタートライン

シニア運動会用 ちょっと準備が必要な運動・ゲーム

ひっくりかえしてポン

この運動のねらい	表裏で色の違う厚紙カードをひっくり返して移動することにより、敏捷性や協応性、持久力、空間認知能力を向上させます。
使っている動きのスキル	操作系運動スキル（ひっくり返す）、移動系運動スキル（動きまわる）

準備　スタートライン（2）　表裏で色の違う厚紙カード（参加者数より多めに）

あそび方
①チームのメンバーが同数になるように、2チーム作ります。
②スタートの合図で、両チームが一斉に厚紙カードを自分のチームの色（例えば、赤と白）にめくっていきます。何回めくってもよいです。
③競技時間（例えば、30秒）を決めて行ない、時間が来たら終わりとします。
④3回競技を行ない、2回以上勝ったチームの勝ちとします。

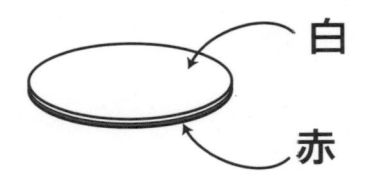

白
赤

メモ

★慣れてきたら、競技時間を少しずつ長くしていきましょう。
★各チームの陣地に、旗を1本ずつ立てます。厚紙カードをめくっている最中に笛を吹いて、全員を自分の陣地に急いでもどるようにさせます。そして、陣地内の旗をまわって、再度ゲームを続けるというルールを加えてみると、おもしろいでしょう。

スタートライン　　　　表裏で色の違う厚紙カード　　　　スタートライン

白チームメンバー　　　　　　　　　　　　　　　　赤チームメンバー

白チームの陣地　　　　　　　　　　　　　　　　　赤チームの陣地

67

シニア運動会用 ちょっと準備が必要な 運動・ゲーム

ゴーゴーハリケーン

この運動のねらい 棒を持って走る人は、バランスと走力を高め、棒を跳ぶ人は瞬発力とタイミング、身体認識力を向上させます。

使っている動きのスキル 移動系運動スキル（走る）、その場での運動スキル（跳びあがる）

準備
スタートライン（1）　旗（各チームに1）…折り返し地点用
体操棒（各チームに1）　たすき（各チームに1）…アンカー用

すすめ方
① チームごとに2人組になって、2列でスタートラインの手前に並び、先頭2人がハリケーンをイメージした体操棒の両端を持ちます。
② スタートの合図で、2人がハリケーンの棒を持って、いっしょに旗をまわってもどってきます。
③ スタート地点にもどったときに、チームメイトの足の下に、ハリケーンの棒をくぐらせます。チームメイトは、棒につまずかないように、タイミングを合わせてジャンプしたり、またぎ越したりします。
④ 最後尾についたら、今度は棒をチームメイトの頭の上に通していきます。
⑤ 列の先頭まできたら、次の2人組にハリケーンの棒を渡します。ハリケーンの棒を受け取った2人は、旗へ向かって走り、棒を渡した2人は、列の最後尾につきます。
⑥ アンカーの2人組が旗をまわってもどり、棒を足の下、頭の上を通してスタートライン上に棒を置いたら、全員でバンザイをします。最も速くバンザイをしたチームの勝ちとなります。

Point! ハリケーンの棒を跳ぶときは、またぎ越してもよいです。膝の悪い人や体重の負担が足腰にかかる人は、跳ばずにまたぎ越してください。

Point! 仲間づくりのためにも、2人組になったら、手をつないで活動すると、仲良くなれたり、おもいやりの気持ちが生まれたりしますね。

メ モ

★旗をまわる際に、旗よりも遠い人は、距離が長いため、速く走らなければならないこと、旗に近い人は、遠い人と歩調を合わせることに気を配り、2人で協力することや、走る加減をすることを経験してもらいます。

★待機しているチームメイトは、棒を跳んだり、機敏に身をかがめたりして、終始競技に参加し、楽しむことができます。集中力の持続がしやすいゲームです。

スタートライン　　　　　　　　　折り返し地点

体操棒

バリエーション①
ハリケーンの棒を跳ぶことが難しいようなら、初めに頭の上を通し、チームの最後尾にも旗を置いておいて、その旗をまわり、もう一度、頭の上を通してゲームを行なってみましょう。

バリエーション②
体操棒は、そのままの状態で使うと足に当たった場合、痛いことがあります。新聞紙を丸めて新聞棒にし、当たっても痛みがなく、楽しく競技ができるようにも工夫してください。

バリエーション③
体操棒の代わりに、ロープを使ってもよいでしょう。

シニア運動会用 ちょっと準備が必要な 運動・ゲーム	# カンガルーの宅配便

この運動のねらい	3つのボールを同時に保持することで筋力や協応性を高め、バランスをとりながら移動することで平衡性や持久力を向上させます。
使っている動きのスキル	移動系運動スキル（跳ぶ・歩く）

準備　スタートライン（1）　旗（各チームに1）…折り返し地点用
　　　　ボール（各チームに3）　カンガルーの帽子（各チームに1）
　　　　たすき（各チームに1）…アンカー用

すすめ方
①チームごとに、スタートラインの手前に並び、先頭の人は両脇にボールを1個ずつ抱え、両足ではボールを1個はさみます。
②スタートの合図で、足にはさんだボールを落とさないように、旗をまわってもどってきます。ボールを足ではさんだまま、歩いたり、跳んだりして進んでいきます。
③スタート地点にもどったら、ボールを次の人に渡して交代し、アンカーがスタートラインにもどってくるまで続けます。

Point! 友人の動きを見て楽しむことがほほえみにつながります。楽しい雰囲気をしっかり味わってください。

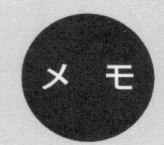

メ　モ
★途中でボールを落としたら、その地点からもう1度ボールを抱えて進みます。
★参加者の動きや体力のレベルに応じて、ボールを足にはさむだけにしたり、両脇に抱えるだけにしたりして、課題を工夫してください。

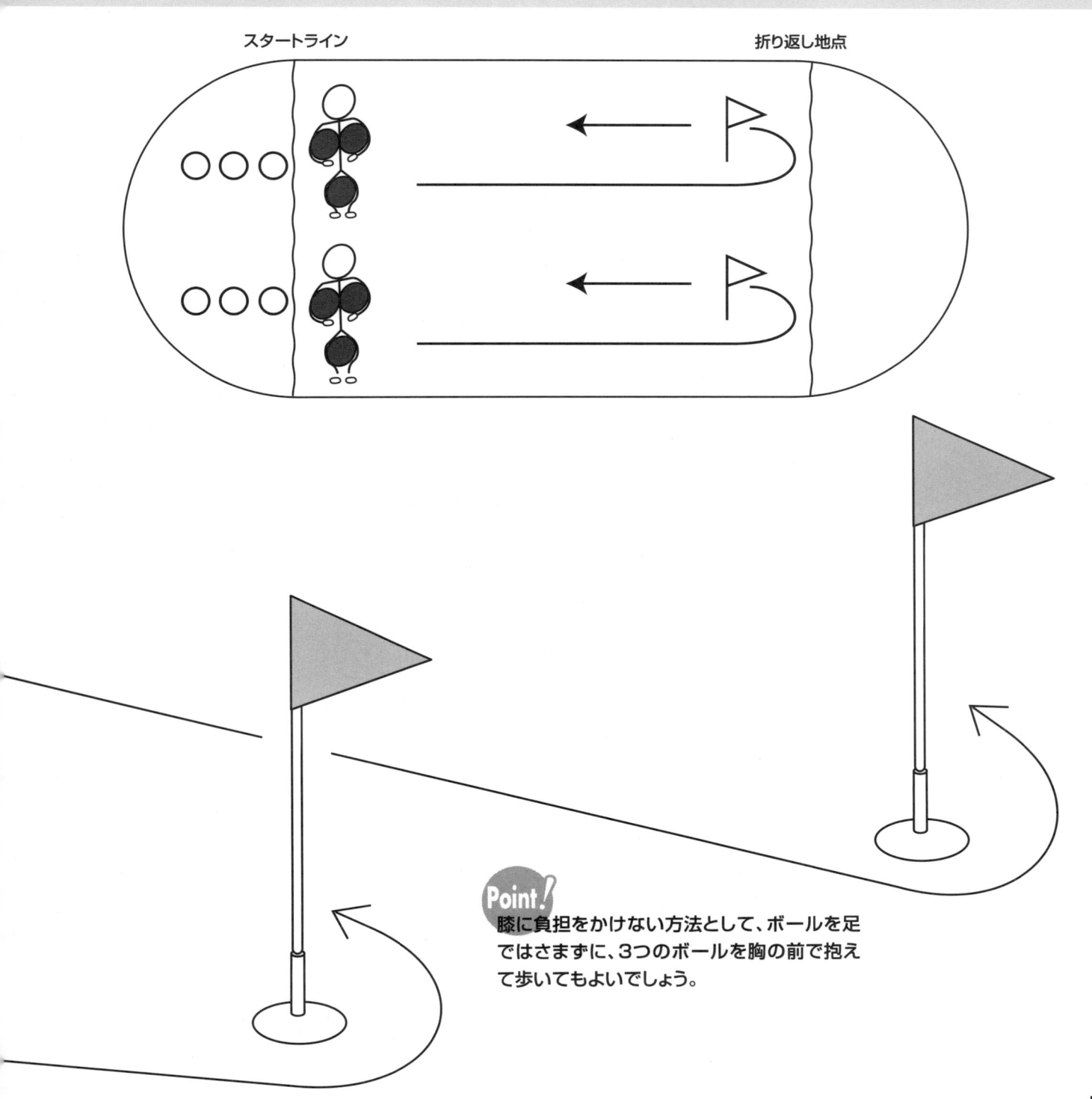

スタートライン　　　　　　　　　　　　折り返し地点

Point! 膝に負担をかけない方法として、ボールを足ではさまずに、3つのボールを胸の前で抱えて歩いてもよいでしょう。

シニア運動会用 ちょっと準備が必要な 運動・ゲーム

大きな大きなさといも

この運動のねらい	2本の新聞棒の上に大型ボールをのせて、落とさないように動くことで、集中力をはじめ、巧緻性や筋力、物の操作能力を高めます。
使っている動きのスキル	操作系運動スキル・移動系運動スキル（ボールを棒にのせて運ぶ）

準備
スタートライン（1）
大玉（各チームに1）………ボールは大きめのものがよいでしょう。
新聞棒（各チームに2）
旗（各チームに1）………折り返し地点用

すすめ方
①スタートラインの手前に、チームごとに2人組で並びます。各チームの組数は、同数にします。
②スタートの合図で、2人が向かい合って2本の新聞棒を持ち、その上に大玉をのせて運びます。
③大玉と2本の新聞棒をバトン代わりとして、チームの全員が旗をまわって、もどってくるまで続けます。
④いちばん速く全員がもどってきたチームの勝ちです。

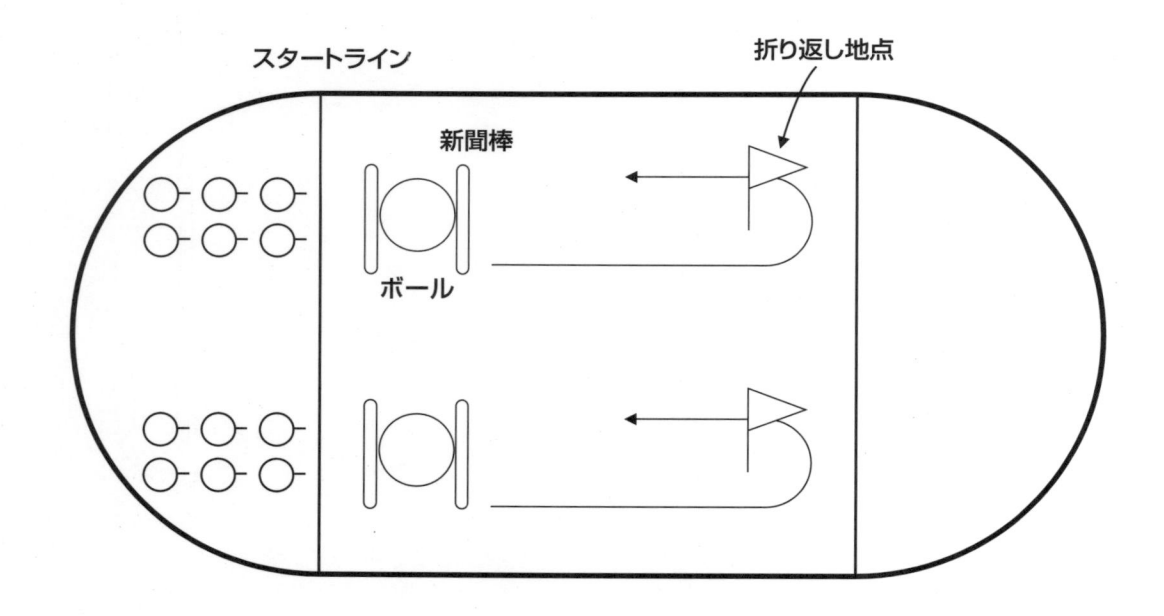

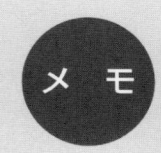

| メ モ | ★お互いが声をかけ合って、落ち着いて運びましょう。2人の呼吸を合わせることが大切です。
★大玉が新聞棒から落ちると、その地点からやり直しをします。
★重さや大きさの異なるいろいろな物をのせて運んでみましょう。 |

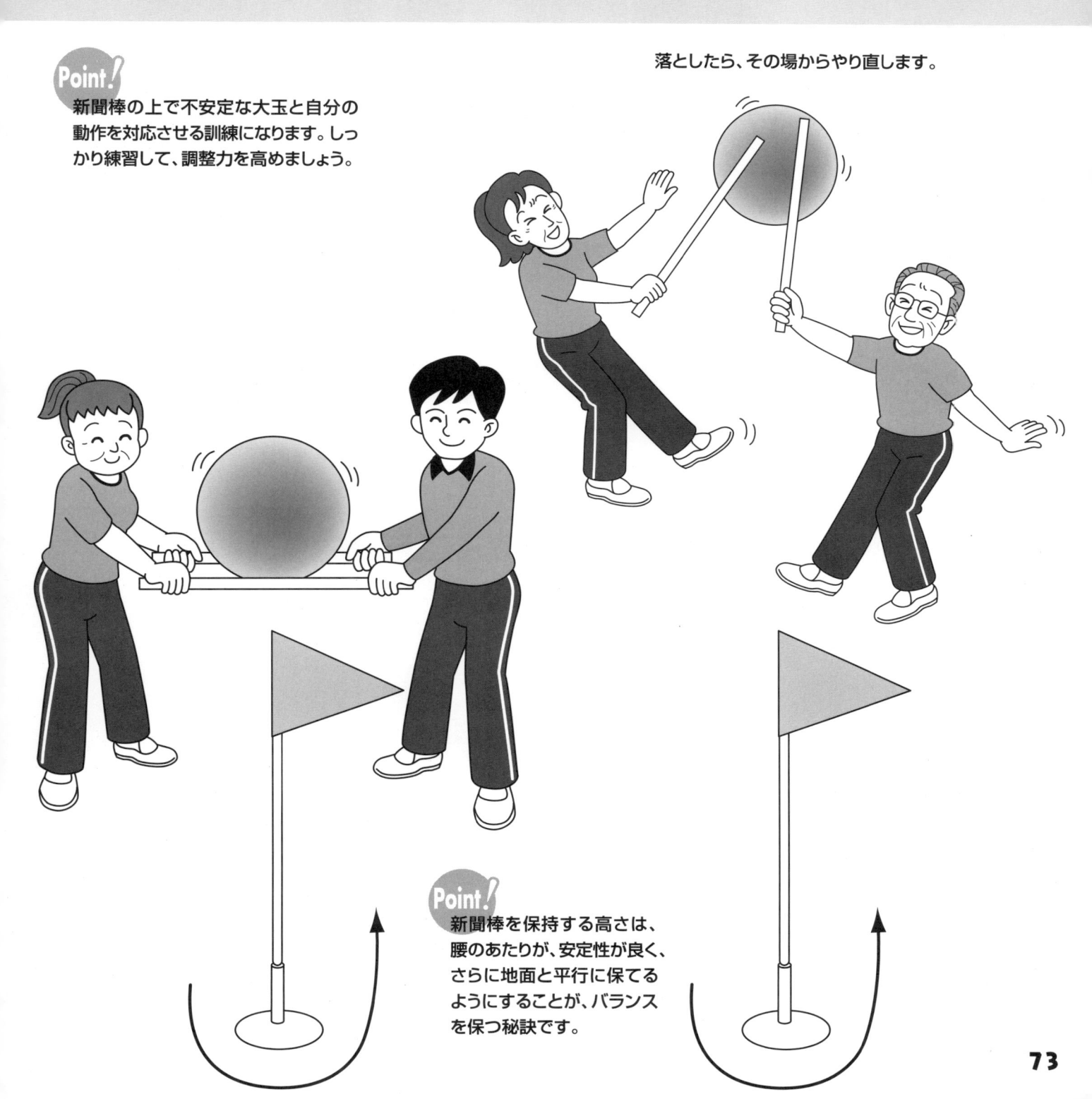

Point!
新聞棒の上で不安定な大玉と自分の動作を対応させる訓練になります。しっかり練習して、調整力を高めましょう。

落としたら、その場からやり直します。

Point!
新聞棒を保持する高さは、腰のあたりが、安定性が良く、さらに地面と平行に保てるようにすることが、バランスを保つ秘訣です。

73

シニア運動会用 ちょっと準備が必要な 運動・ゲーム

迷ドライバー

この運動の ねらい	ボールをラケットの上にのせて移動することにより、物のバランスをとる能力や走力、空間認知能力を高めます。
使っている 動きのスキル	操作系運動スキル（物のバランスをとる）

準　備
テニスラケット（3）
ボール（各2個ずつ……6個）
旗（3）………折り返し地点用
スタートライン兼ゴールライン（1）

すすめ方
①メンバー数が同数になるように、3つのグループを作ります。
②グループごとに1列に並びます。先頭の人は、テニスラケットにボールを2個のせてスタートラインの手前に並びます。
③笛の合図で出発し、折り返し地点をまわってもどってきます。
④ボールを2個のせたラケットをバトン代わりにしてリレーをし、全員が速くもどってきたグループの勝ちとします。

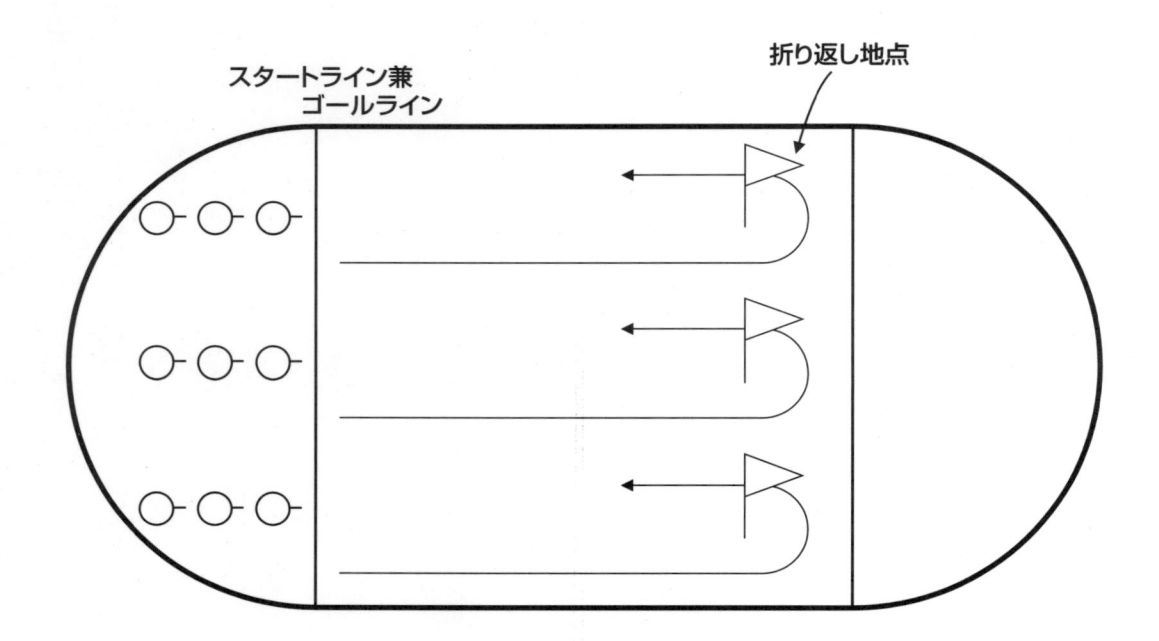

メモ
★ボールの代わりに、風船やボウリングのピンを運ぶと、重さやバランスのとり方が異なるので、身体機能の活性化に役立ちます。いろいろな物運びに挑戦してみましょう。
★折り返しまでのコース上に数本の旗を立てて、旗のところで必ず旗を1周まわるようにすると、難易度が増し、より集中するようになるでしょう。

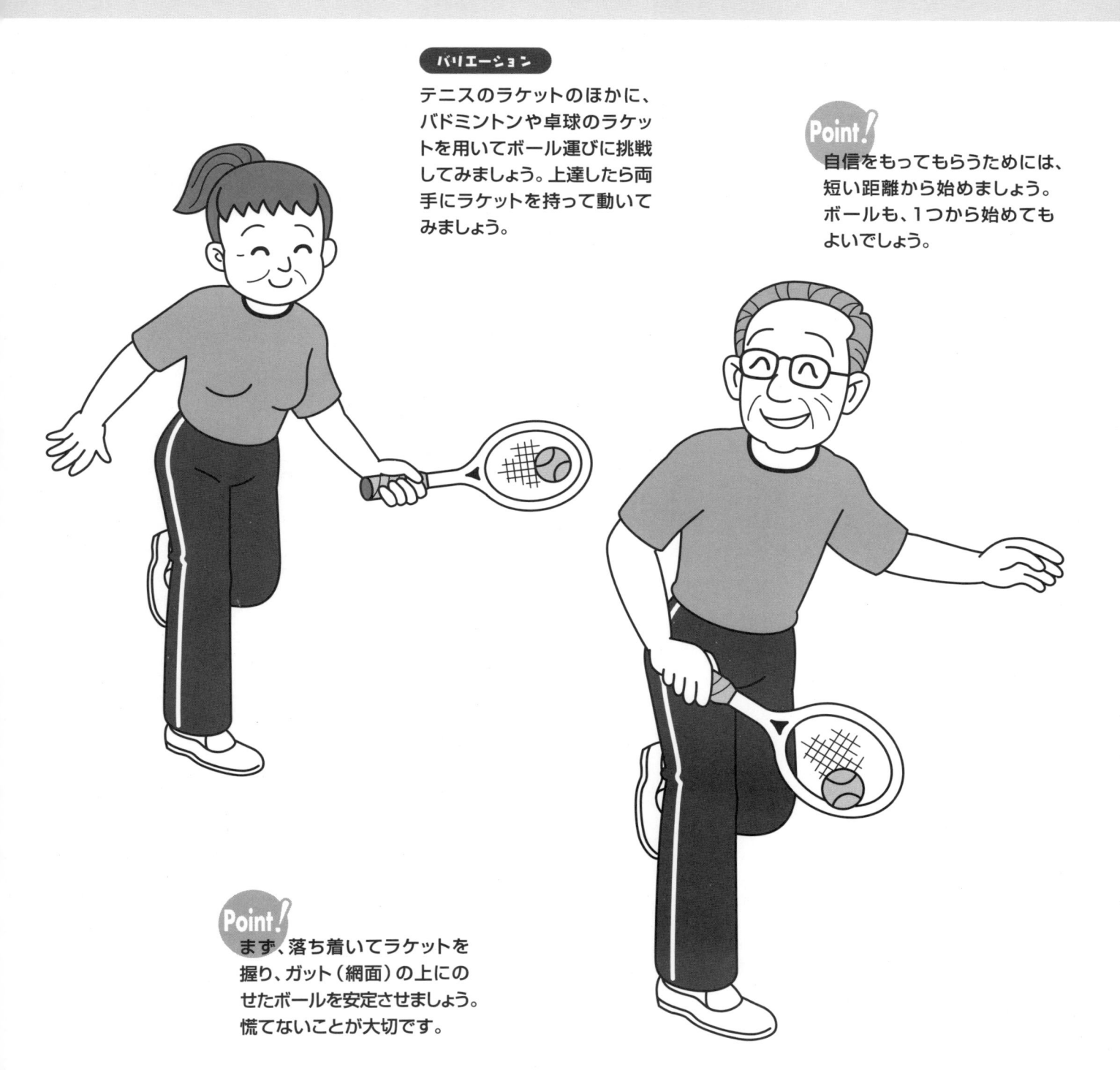

バリエーション
テニスのラケットのほかに、バドミントンや卓球のラケットを用いてボール運びに挑戦してみましょう。上達したら両手にラケットを持って動いてみましょう。

Point!
自信をもってもらうためには、短い距離から始めましょう。ボールも、1つから始めてもよいでしょう。

Point!
まず、落ち着いてラケットを握り、ガット（網面）の上にのせたボールを安定させましょう。慌てないことが大切です。

シニア運動会用 ちょっと準備が必要な 運動・ゲーム

スパイダーリフト

この運動の ねらい	ボールを落とさないように運ぶことで、集中力や協応性、平衡感覚を向上させます。また、みんなで協力することにより、協調性を高めます。
使っている 動きのスキル	操作系・移動系運動スキル（ボールを安定させて運ぶ）

準　備
スタートライン（1）
スパイダーリフト…………フープに3本のロープを結びつけます。
大型ボール（1）…………フープの直径より大きいもの
旗（1）…………折り返し地点用

すすめ方
①スタートラインの手前に、3人1組でチームを作って並びます。
②スタートの合図で、3人がそれぞれスパイダーリフトのロープを持ち、フープにのせた大型ボールを、落とさないように運びます。
③3人が協力して、ボールを落とさないように、旗をまわって帰ってきます。

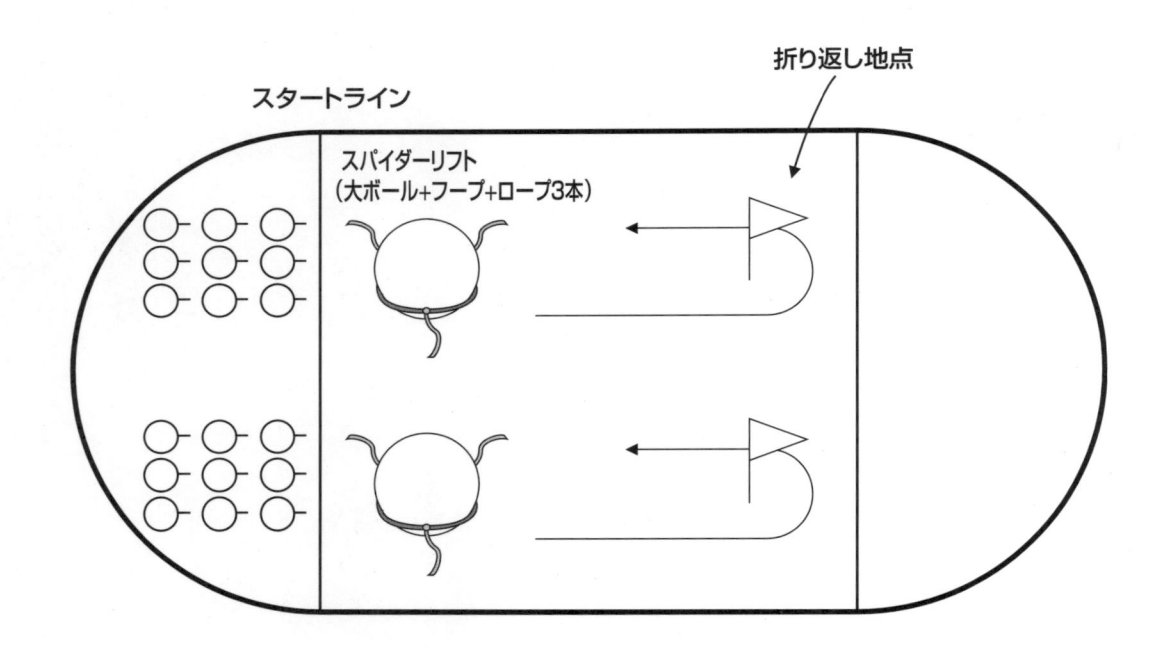

バリエーション　［リレーにした場合］

・3人組のチームを作り、一斉に競争をしたり、人が多い場合には、スパイダーリフトをバトン代わりにして、数チームが旗をまわってもどってくるリレーをしても楽しいでしょう。

・特定のポイントを設けて、その場所まで来たら、1周まわってみましょう。

・ボールを運ぶのではなく、特定のポイントに洗濯物（タオル）をたくさん置いておき、その洗濯物（タオル）をスパイダーリフトに引っかけて落とさないように、できるだけたくさん持って帰ってきます。「クモのクリーニング屋さん」と名づけると楽しいでしょう。

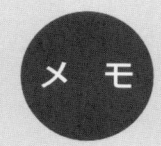

| メ モ | ★フープへのロープの結びか所（3点）は、正三角形ができるよう均等に位置させるのがよいでしょう。また、ロープの長さが短いほど競技はしやすくなるので、参加者の動作能力に応じてロープの長さを調節しましょう。
★スパイダーリフトからボールを落とさないように、ロープの引き加減に注意しながら行ないましょう。
★ボールを落としたら、その場所でもう一度ボールをフープにのせて続けます。 |

Point! 3人それぞれがロープをピンと張って、フープを地面と平行に保ちながら進むのがコツです。

Point! 3人の呼吸を合わせることがポイントです。だれかがリーダーになって声かけをしてください。きっとスムーズにできるでしょう。

シニア運動会用 ちょっと準備が必要な 運動・ゲーム

大わらわの輪

この運動の ねらい	フープを使って体通しをすることにより、柔軟性や巧緻性を高めます。そして、走ることにより、瞬発力や走力を高めます。そして、楽しさの中で仲間との協調性を育み、大脳の活動水準を高めてくれます。
使っている 動きのスキル	移動系運動スキル（走る）・操作系運動スキル（フープを送る）

準備
スタートライン（1）
旗（各チームに1）……………折り返し地点用
フープ（各チームに1）
タスキ（各チームに1）…………アンカーの確認用

すすめ方
①スタートラインの手前に、チームごとに1列に並び、横向きで手をつなぎます。列の最後尾の人がフープを持ちます。
②スタートの合図で、最後尾からフープを、手を使わないで前に送っていきます。
③フープが先頭までくると、先頭にいる人はフープを持って旗をまわってきます。
④旗を1周してくると、フープを手に持ったまま自分のチームメイト全員の体を通しながら、最後尾まで走ります。
⑤最後尾までくると、みんなと手をつないで列に加わり、再び手を使わずにフープを前に送っていきます。
⑥全員が旗を1周するまで続けます。
⑦アンカーがフープを自分のチームメイト全員の体を通したら、全員でバンザイをします。
⑧いちばん速く、⑦のバンザイをできたチームの勝ちです。

Point!
体の柔らかさが必要です。ゲームの前に柔軟体操をしておくと、調子はバツグンです。

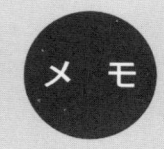

メ モ

★フープにきれいな飾りをつけると、会場が華やかになり、また雰囲気も楽しくなります。
★折り返し地点を複数準備して、参加者の身体能力に応じた距離に挑戦してもらう工夫も大切です。
★メガネをしている人は、フープ送りでフープがメガネに当たらないように注意が必要です。フープ送りのときは、メガネをはずしておくのも一つの方法です。

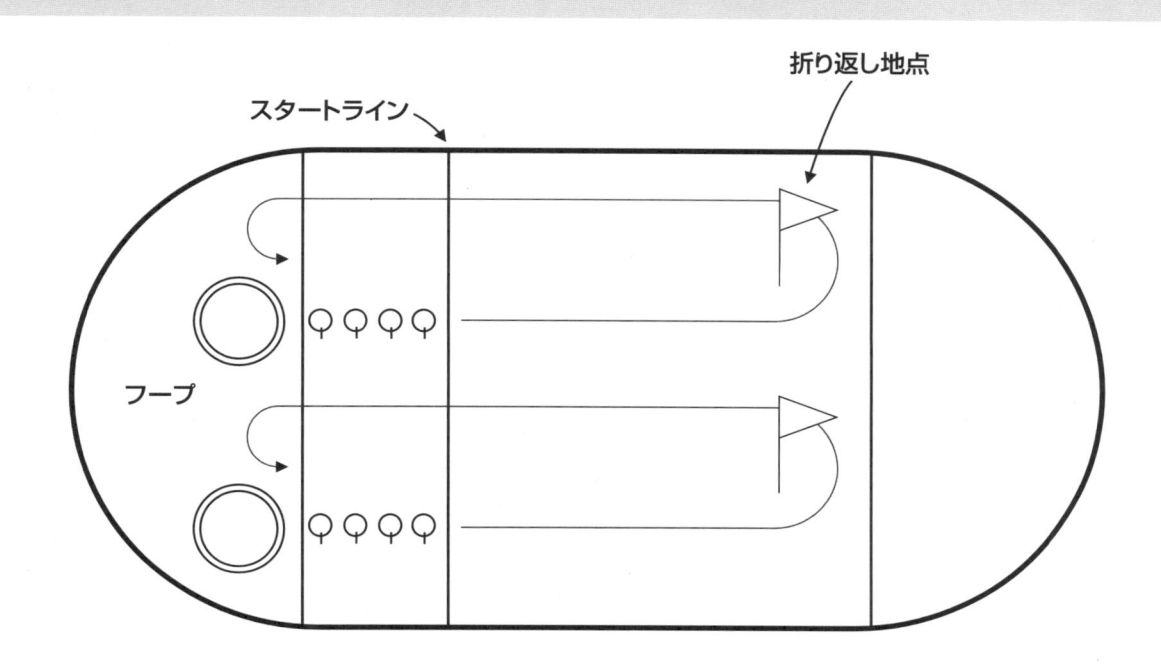

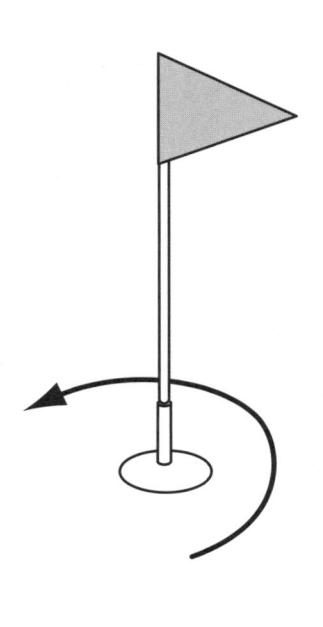

スタートライン　　　　折り返し地点

フープ

バリエーション

・1つのチームで、フープを2つ送ってみましょう。
・移動は、フープまわしで跳びながら、旗をまわってもどってきましょう。

Point!

リレーの前には、しっかりフープ送りやフープくぐりをして、体を慣れさせておきましょう。

あとがき

　筋肉は使わなければ衰えますから、日頃からこまめに体を動かすことが最も大切となってきます。筋力は元気のもとなのです。それも、利き手側だけでなく、利き手でない側の手や足も極力使うように心がけておきましょう。

　安全に関する能力や動作は、運動実践を通して、しぜんに身についてきます。運動を行なうことによって、歩数を増やすこと、活動量を増やすことは、身体機能の保持・増進、大脳機能の促進に役立つばかりでなく、身のこなしがじょうずになり、ひいては転倒防止機能も活性化され、安全能力が高まることになるのです。

　いくつになっても、「栄養」・「休養」に合わせて、本書で紹介しました「運動」を、ぜひとも大切にしていただきたいと願います。運動をする中で、楽しい思いや人と関わるすばらしい感動体験をいっぱい味わっていただきたいものですね。

著者紹介

前橋　明（まえはし・あきら）
早稲田大学 教授（人間科学学術院健康福祉科学科）
医学博士

岡山県備前市出身。
鹿児島大学、米国・南オレゴン州立大学卒業、米国・ミズーリー大学大学院で修士号、
岡山大学医学部で博士号を取得。
倉敷市立短期大学教授、米国・ミズーリー大学客員研究員、
バーモント大学客員教授、ノーウィッジ大学客員教授、セントマイケル大学客員教授を経て現職。
健康福祉科学からの児童福祉、幼少児の健康教育、福祉教育の学問と研究に従事している。

介護予防・健康福祉ブック①

若さを保つ 運動・ゲームのレクリエーション

2004年10月　初版発行
2005年4月　2版発行

著　者　前橋　明
発行人　岡本　健
発行所　ひかりのくに株式会社

〒543-0001　大阪市天王寺区上本町3-2-14　郵便振替　00920-2-118855　TEL06-6768-1155
〒175-0082　東京都板橋区高島平6-1-1　郵便振替　00150-0-30666　TEL03-3979-3112

ホームページアドレス　http://www.hikarinokuni.co.jp
印刷所　図書印刷株式会社

©2004　乱丁・落丁はお取り替えいたします。

Printed in Japan
ISBN 4-564-43041-6　C3036
NDC360　80P　26×21cm